高校英语教学与教师信息化素养研究

刘丽明　著

北方联合出版传媒（集团）股份有限公司

辽宁科学技术出版社

图书在版编目（CIP）数据

高校英语教学与教师信息化素养研究 / 刘丽明著.
沈阳 ：辽宁科学技术出版社，2024. 7. -- ISBN 978-7
-5591-3715-9

Ⅰ. H319.3；G645.12

中国国家版本馆 CIP 数据核字第 202413CE67 号

出版发行：辽宁科学技术出版社
　　　　　（地址：沈阳市和平区十一纬路 25 号　邮编：110003）
印　刷　者：济南大地图文快印有限公司
经　销　者：各地新华书店
幅面尺寸：170mm×240mm
印　　张：13.5
字　　数：240 千字
出版时间：2025 年 4 月第 1 版
印刷时间：2025 年 4 月第 1 次印刷
策划编辑：王玉宝
责任编辑：孙　阳　康　倩
责任校对：刘翰林　于　芳

书　　号：ISBN 978-7-5591-3715-9
定　　价：62.00 元

前　言

　　随着信息技术的迅猛发展和全球化进程的加速，高校英语教学正面临着前所未有的挑战与机遇。传统的英语教学模式已难以满足社会对人才培养的要求，而信息化技术的融入为高校英语教学注入了新的活力。本书旨在系统梳理高校英语教学的发展历程与现状，深入探讨信息化背景下高校英语教学模式的创新，以及教师信息化素养的提升策略，为高校英语教学的改革与发展提供理论支持和实践指导。

　　回顾高校英语教学的历史沿革，我们可以看到其经历了从传统的以教师为中心的教学模式到以学生为中心的互动教学模式的转变。当前，高校英语教学正面临着教学资源多样化、教学方式个性化、教学评价多元化等新的挑战。同时，信息化技术的快速发展也为高校英语教学提供了更加丰富的教学资源和更加灵活的教学方式。因此，如何充分利用信息化技术和创新高校英语教学模式，提高教学效果，已成为当前高校英语教学研究的重要课题。

　　在信息化背景下，高校英语教学模式的创新显得尤为重要。本书详细探讨了信息化背景下高校英语教学模式的创新实践，包括混合式教学模式的探索、翻转课堂的应用、在线开放课程的建设以及个性化教学模式的实践路径等。这些创新实践不仅丰富了高校英语教学的内容和形式，也提高了学生的学习兴趣和效果。同时，这些创新实践也对教师的信息化素养提出了更高的要求。

　　教师信息化素养是信息化时代教师必备的专业素养之一。本书第六章至第十一章对教师信息化素养的理论基础、教师信息化素养与教学效果的关系、教师信息化素养与学生发展的关系、教师信息化素养与专业发展的关系以及提升策略进行了深入剖析。教师信息化素养的提升不仅有助于提高教师的教学效果，也有助于促进学生的全面发展和教师的专业发展。因此，加强教师信息化素养的提升已成为高校英语教学改革的重要任务之一。

此外，本书还对高校英语教学评价体系改革进行了深入探讨。传统的英语教学评价体系过于注重终结性评价，忽视了过程性评价和多元化评价的重要性。基于信息化的高校英语教学评价体系构建旨在更加全面、客观地评价学生的学习成果和教师的教学效果，为教学改进提供有力支持。同时，多元化、过程性评价体系的实施策略也有助于激发学生的学习兴趣和积极性，从而提高教学效果。

在全球化背景下，高校英语教学的发展趋势也呈现出新的特点。本书第十二章对高校英语教学与教师信息化素养的发展趋势进行了预测与展望。未来，高校英语教学将更加注重对学生的跨文化交际能力、批判性思维能力和创新能力的培养，而教师信息化素养的提升也将更加注重与国际接轨、与学科融合以及与技术创新同步等方面的发展。因此，高校英语教学与教师信息化素养的协同发展策略显得尤为重要。

总之，本书旨在全面深入地探讨信息化背景下高校英语教学的创新实践与教师信息化素养的提升策略。希望通过本书的出版，能够为高校英语教学的改革与发展提供有益的参考和借鉴，为推动高校英语教学质量的提升和人才培养模式的创新做出积极贡献。同时，也期待广大教育工作者能够共同努力，不断探索和实践高校英语教学的新理念和新方法，为培养具有国际视野和跨文化交际能力的高素质人才贡献智慧和力量。

目　录

第一章 高校英语教学的发展历程与现状

第一节 高校英语教学的历史沿革

一、高校英语教学的起源与早期发展

（一）起源

在中国教育史上，高校英语教学的起源可以追溯到 19 世纪中叶，这一时期的中国正处于封建社会向近代社会转型的关键时刻。中国对外交往日益频繁，英语作为一种国际交流语言逐渐凸显出其重要性。这种语言的实际需要，推动了英语教学的兴起。

最早的英语教学以培养翻译人才和外交官为目标，为当时的清政府提供外语支持。其中，京师同文馆（后改为京师大学堂，即北京大学的前身）的成立，标志着中国官方正式将英语教学纳入教育体系。京师同文馆不仅教授英语课程，还培养了一批批精通外语的外交人才和翻译家，为中国近代外交事业奠定了基础。

此外，一些有识之士也开始认识到英语教育的重要性，纷纷兴办私塾和书院，教授英语课程。这些教育机构虽然规模较小，但在推动英语教育的普及和发展方面发挥了积极作用。

（二）早期教学方法和材料

在高校英语教学的早期阶段，教学方法主要基于传统的语法翻译法。这种方法强调对语法规则的掌握和词汇的记忆，通过翻译和背诵等手段来提高学生的英语水平。这种教学方法虽然在一定程度上提高了学生的阅读和翻译能力，但忽视了对学生口语和听力等实际交际能力的培养。

在教材方面，早期的英语教材多为外国原版教材的翻译或改编版本。这些教材内容以文学和经典著作为主，注重对学生文学素养和人文素养的培养。然而，这些教材往往脱离了中国学生的实际生活和文化背景，使得学生在学习过程中难以理解和运用所学知识。

此外，早期的高校英语教学还面临着师资力量薄弱、教学设备简陋等问题。当时的英语教师大多来自外国使馆，数量有限且教学水平参差不齐。同时，由于缺乏先进的教学设备和教学资源，英语教学效果受到很大限制。

尽管如此，早期的高校英语教学仍然为中国培养了一批批优秀的外语人才和翻译家，为中国的近代化进程和国际交流做出了重要贡献。同时，这些早期的英语教育机构和教学方法也为后来的英语教育改革和发展奠定了基础。

在早期的高校英语教学发展过程中，虽然存在着诸多问题和挑战，但这一时期的教学实践也为后来的改革和创新提供了宝贵的经验和借鉴。随着社会的进步和教育理念的不断更新，高校英语教学逐渐走向多元化、个性化和国际化的发展方向。同时，我们也应该认识到，任何时期的教育改革都需要不断的探索和创新，以适应时代的需求和学生的发展。

二、高校英语教学在改革开放时期的变化

（一）改革开放的影响

改革开放的伟大决策不仅深刻改变了中国的经济面貌，也为教育领域带来了前所未有的变革。高校英语教学在这一时期经历了翻天覆地的变化，其背后是改革开放带来的中国与外界广泛交流的深刻影响。

随着国门的打开，中国与世界各国的经济、文化、科技等领域的交流日益频繁。英语，作为国际交流的桥梁和纽带，其重要性不言而喻。高校英语教学在这一背景下，开始从传统的应试教育模式向培养学生的实际交际能力转变。

改革开放使得大量的外国专家、学者和留学生来到中国，同时也促使越来越多的中国学生走出国门，去感受外面的世界。这种双向的交流使得高校英语教学更加注重实用性和国际化。教师们开始尝试引入国外先进的教学理念和方法，以提高学生的英语听说能力和跨文化交际能力。

此外，改革开放还推动了高校英语教学的国际化进程。许多高校开始与国外知名大学建立合作关系，开展联合培养和学术交流活动。这不仅为学生提供了更广阔的学习和发展空间，也为高校英语教学注入了新的活力和动力。

（二）教学改革和教材更新

在改革开放的推动下，高校英语教学经历了一系列深刻的教学改革和教材更新。这些改革和更新旨在更好地适应时代的需求，提高学生的英语水平和实际应用能力。

在教学方法上，高校英语教学逐渐摒弃了传统的语法翻译法，转向更加注重语言实际运用的交际教学法。交际教学法强调以学生为中心，通过模拟真实场景、角色扮演、小组讨论等方式，激发学生的学习兴趣和积极性，提高他们的英语听说能力和交际能力。

在教材编写上，高校英语教材也从单一的文学类转向多元化。新的教材不仅涵盖了文学、历史、哲学等传统领域，还增加了社会、科技、文化等多个领域的内容。这些教材注重实用性和趣味性，通过引入真实语料，设计丰富多样的练习和活动，帮助学生更好地掌握英语知识和提高实际应用能力。

此外，随着国外先进教学理念的引入和多媒体技术的发展，高校英语教学也开始尝试新的教学模式和手段。多媒体教学、网络教学、任务型教学等新模式逐渐应用于课堂，为学生提供了更加丰富多彩的学习体验。这些新模式不仅提高了学生的学习兴趣和效率，也促进了教师角色的转变和教学能力的提升。

三、高校英语教学 21 世纪的发展趋势

（一）21 世纪初至今的变革

1. 教学目标的转变

从语言知识到交际能力：21 世纪初，高校英语教学的重心开始从单纯的语言知识传授转向培养学生的实际交际能力。这包括对话能力、听力理解、口语表达等多方面的技能。

跨文化意识的培养：随着国际交流的日益频繁，培养学生跨文化交际能力成为重要目标。这包括对不同文化背景的理解、尊重和有效沟通的能力。

2. 教学方法的革新

以学生为中心的教学方法：传统的教学模式以教师为中心，而现代英语教学更加注重学生的主动性和参与性，如采用小组讨论、角色扮演、项目学习等方法。

混合学习和翻转课堂：技术的发展推动了教学模式的变革，混合学习和翻转课堂等新模式允许学生在线上线下灵活学习，提高教学效率。

3. 评估体系的改进

多元化的评估方式：除了传统的笔试，现代英语教学更加强调表现性评估、自我评估和同伴评估等多种评估方式的结合。

重视过程评估：与传统的终结性评估不同，现代评估体系更加注重对学生学习过程的监测和反馈，以便及时调整教学策略。

（二）全球化、技术革新的影响

1. 全球化对教学内容的影响

多元文化的融合：全球化要求英语教学不再仅仅围绕本国文化，而是融入世界各地的文化元素，培养具有国际视野的人才。

实时更新的教学内容：全球化的快速发展使得英语教学内容需要不断更新，以反映国际社会的最新动态和趋势。

2. 技术革新对教学手段的影响

人工智能辅助教学：人工智能技术的发展为英语教学提供了智能辅导系统、智能评测系统等新工具，极大地提高了教学效率和准确性。

在线学习与虚拟教室：网络技术的发展使得在线学习和虚拟教室成为现实，学生可以随时随地进行学习，打破了时间和空间的限制。

3. 技术革新对教学互动的影响

即时反馈与互动：通过在线平台和移动应用，教师和学生可以实现即时的互动和反馈，加强了教学的针对性和互动性。

大数据分析与个性化学习：大数据技术可以分析学生的学习习惯和成绩变化，为每个学生提供个性化的学习建议和路径。

第二节　当前高校英语教学的现状与特点

一、当前高校英语教学的课程设置与教学模式

（一）当前高校英语教学的主要课程类型

1. 综合英语课程

综合英语课程是高校英语教学的基础课程，旨在全面提高学生的听、说、读、写、译等语言技能。这类课程通常包括精读、泛读、听力、口语等多个环节，注重语言知识的系统传授和语言技能的综合训练。

2. 专门用途英语课程

专门用途英语课程是针对特定专业或职业需求而设计的英语课程，如商务英语、法律英语、医学英语等。这类课程旨在培养学生在特定领域内的英语应用能力，强调语言知识与专业知识的结合。

3. 文化与跨文化交流课程

文化与跨文化交流课程注重培养学生的跨文化意识和跨文化交际能力。这类课程包括英语国家文化、跨文化交际学、影视欣赏等内容，帮助学生了解不同文化背景下的价值观念、思维方式、行为习惯等，提高他们在多元文化环境中的适应能力。

4. 学术英语课程

学术英语课程旨在培养学生的学术英语能力和研究素养，为他们进行国际学术交流和研究打下基础。这类课程包括学术写作、学术阅读、学术口语等，注重培养学生的批判性思维、创新思维和学术规范意识。

5. 自主学习与拓展课程

自主学习与拓展课程是为满足学生个性化学习需求而设置的课程，如网络自主学习、英语角、英语竞赛等。这类课程鼓励学生根据自己的兴趣和需求进行自主学习和拓展，提高他们的自主学习能力和终身学习能力。

（二）分析常用的教学模式和方法

1. 传统教学模式与方法

讲授法：教师主导课堂，通过讲解语法规则、词汇用法等知识。这种方法便于系统传授知识，但学生参与度较低。

翻译法：通过母语与英语的互译来教授新知识。这种方法有助于学生理解词义和句子结构，但不利于培养直接英语思维。

2. 现代教学模式与方法

交际法：强调在真实或模拟的交际场景中学习英语，鼓励学生通过对话、角色扮演等方式进行实践。这种方法有利于提高学生的口语和交际能力。

任务型教学法：通过设计具体任务来驱动学生学习，让学生在完成任务的过程中掌握语言知识和技能。这种方法有助于培养学生的问题解决能力和合作精神。

混合式教学：结合线上和线下的教学资源，一部分时间在传统教室进行教学，一部分时间则利用网络平台进行自主学习和互动。这种方法既保留了传统课堂的优势，又充分利用了现代技术的便利性。

3. 以学生为中心的教学模式与方法

项目式学习：学生围绕某个主题或问题进行深入研究和探索，最终形成作品或解决方案。这种方法有助于培养学生的创新能力和自主学习能力。

合作学习：学生分组进行学习和讨论，共同完成任务或解决问题。这种方法有助于培养学生的团队合作精神和沟通能力。

二、当前高校英语教学的师资队伍与教学资源

（一）高校英语教师的队伍现状

1. 教师队伍结构

当前高校英语教师队伍结构呈现出多样化的特点。教师队伍中既有资深教授、副教授，也有年轻讲师和助教。这种结构有助于保持教学团队的活力和创新力，同时也为学生提供了多样化的学习体验。

2. 教师专业素养

高校英语教师普遍具备较高的专业素养和教学能力。他们中的大多数都拥有硕士或博士学位，具备扎实的英语语言功底和丰富的教学经验。此外，许多教师还具有海外留学或访问学者的经历，能够为学生提供国际化的视野和教学方法。

3. 教师发展机会

随着教育国际化趋势的加强，高校英语教师面临着更多的发展机会。学校通常会提供各种培训、研讨会和学术交流活动，帮助教师提升教学水平和科研能力。同时，教师也可以通过参与国际合作项目、访问学者计划等方式，拓宽自己的国际视野和提升跨文化交流的能力。

4. 教师队伍的挑战

尽管高校英语教师队伍整体素质较高，但也面临着一些挑战。例如，教师队伍的年龄结构、学科结构等方面可能存在不合理之处；部分教师可能缺乏创新精神或教学热情；另外，随着学生需求的多样化和教学技术的更新换代，教师需要不断适应新的教学环境和教学要求。

（二）教学资源的配置和利用

1. 教学设施与设备

高校英语教学通常配备了先进的教学设施和设备，如多媒体教室、语音实验室、自主学习中心等。这些设施为学生提供了更加直观、生动的学习体验，同时也为教师提供了更多的教学手段和工具。

2. 教材与教辅资源

高校英语教学使用的教材通常经过精心挑选和编写，涵盖了丰富的语言知识和文化内容。此外，还有各种教辅资源，如练习册、学习指南、在线课程等供学生选择使用。这些资源有助于巩固和拓展学生的语言知识，提高他们的语言应用能力。

3. 数字化教学资源

随着信息技术的发展，数字化教学资源在高校英语教学中的应用越来越广泛。各种在线学习平台、网络课程、虚拟仿真实验等为学生提供了更加便捷、灵活的学习方式。同时，这些资源也有助于教师实现个性化教学和远程教学。

4. 教学资源的利用情况

尽管高校英语教学资源丰富多样，但利用情况却不尽如人意。一方面，部分教师可能缺乏充分利用教学资源的意识和能力；另一方面，学生也可能因为缺乏指导或兴趣等原因而未能有效利用这些资源。因此，高校需要加强对教师和学生的培训和指导，提高教学资源的利用率和效果。

三、当前高校英语教学的学生需求与教学效果

（一）当前高校学生的英语学习需求

1. 实际需求与期望

当前高校学生对于英语学习的需求呈现出多样化的特点。一方面，他们希望通过英语学习提高语言能力，为未来的职业发展和国际交流打下基础；另一方面，他们也期望在学习过程中能够接触到多元的文化内容，培养跨文化交际能力。同时，随着全球化的深入发展，越来越多的学生意识到英语学习的重要性，对课程的期望也随之提高。

2. 个性化与差异化需求

高校学生的英语水平和学习目标存在较大的差异。因此，他们在英语学习过程中表现出明显的个性化和差异化需求。一些学生希望加强口语和听力训练，提高实际应用能力；另一些学生则更注重阅读和写作能力的提升。此外，不同专业的学生还可能因为不同的专业需求而对英语学习有不同的侧重点。

3. 技术与资源需求

随着信息技术的发展，高校学生对于英语学习的技术和资源需求也日益增长。他们期望能够利用先进的技术手段，如在线学习平台、智能辅导系统等提高学习效率；同时，他们也希望获得更加丰富和多样化的学习资源，如原版教材、影视作品、网络课程等。

（二）教学效果和学生的学习成果

1. 教学效果评估

教学效果的评估是检验英语教学质量的重要手段。通常可以通过学生的成

绩、课堂表现、教师评价等多个方面进行综合评估。此外，还可以采用问卷调查、学生反馈等方式收集学生对教学效果的评价意见，以便及时调整教学策略和改进教学方法。

2. 学习成果展示

学生的学习成果是检验英语教学效果的重要依据。高校学生通过英语学习，不仅在语言知识和技能方面取得了显著进步，还在跨文化交际能力、自主学习能力等方面得到了提升。这些学习成果可以通过各种形式进行展示，如学术论文、口语演讲、文化交流活动等。

3. 教学反思与改进

针对教学效果和学生的学习成果，教师需要进行认真的教学反思和改进。一方面，教师需要总结教学经验和教训，分析教学方法和策略是否得当；另一方面，教师还需要根据学生的反馈和需求调整教学内容和方式，以更好地满足学生的学习需求和提高教学效果。同时，学校也需要加强对英语教学的管理和监督，确保教学质量和效果得到有效保障。

第三节　高校英语教学面临的挑战与机遇

一、全球化背景下高校英语教学的挑战

（一）全球化对英语教学提出的新要求

全球化对英语教学产生了深远的影响，使其从传统的语言知识传授转变为更加全面、多元的能力培养。以下是全球化对英语教学提出的新要求。

1. 强化语言技能训练

全球化要求学生具备高水平的英语语言能力，包括流利的口语、准确的听力理解、丰富的词汇量和扎实的语法基础。英语教学应加强对这些语言技能的训练，使学生能够在国际舞台上自信地进行沟通交流。

2. 培养跨文化交际能力

随着国际交往的日益频繁，学生需要具备跨文化交际的能力，以适应不同

文化背景下的沟通需求。英语教学应注重培养学生的跨文化意识，引导他们尊重并理解文化差异，掌握与不同文化背景的人进行有效沟通的技巧。

3. 拓宽国际视野

全球化要求学生具备宽广的国际视野，了解国际动态和不同国家的历史文化。英语教学应融入更多的国际内容，通过讲解国际政治、经济、科技等领域的最新动态，帮助学生拓展国际视野，提高他们的全球化素养。

4. 创新教学方法和手段

传统的教学方法已无法满足全球化背景下的英语教学需求。教师需要积极创新教学方法和手段，如利用多媒体技术、网络资源等现代教育技术手段辅助教学，以提高学生的学习兴趣和效率。同时，教师还应关注学生的个体差异，采用个性化的教学方法满足不同学生的需求。

为应对这些挑战，高校英语教学需要进行全面的改革和创新。教师需要不断提高自身的专业素养和跨文化交际能力，以适应全球化背景下英语教学的新要求。同时，高校应加强对英语教学的支持和管理，提供必要的资源和条件，为培养具有国际竞争力的高素质人才创造良好的教学环境。

（二）如何培养学生的跨文化交际能力

在全球化背景下，培养学生的跨文化交际能力已成为高校英语教学的重要任务之一。以下是一些具体的方法和建议。

1. 融入文化教学内容

教师在教学过程中应注重融入目标语国家和国际多元文化的教学内容。通过介绍不同文化的历史背景、社会习俗、价值观念等，引导学生深入了解不同文化之间的差异和共同点。同时，教师可以结合具体案例或情境进行对比分析，帮助学生形成对不同文化的正确认识和理解。

2. 创设真实的跨文化交际情境

教师可以利用课堂内外的机会，创设真实的跨文化交际情境，让学生在实践中提高跨文化交际能力。例如，可以组织学生进行模拟国际会议的角色扮演活动，让他们在模拟的情境中体验不同文化背景下的沟通交流；还可以邀请外籍教师或留学生来班级进行交流访问，为学生提供真实的跨文化交际实践机会。

3. 培养学生的跨文化意识和敏感性

教师应帮助学生树立正确的跨文化观念,培养他们的跨文化意识和敏感性。在教学过程中,教师可以引导学生关注不同文化之间的差异,鼓励他们以开放、包容的心态对待不同文化背景的人。同时,教师还可以通过讲解跨文化交际成功案例或分析误区等方式,提高学生对跨文化交际重要性的认识。

4. 提供有效的跨文化交际策略和技巧

为了帮助学生更好地应对跨文化交际中的挑战,教师需要教授一些有效的跨文化交际策略和技巧。例如,如何运用礼貌原则建立和谐的交际氛围;如何运用合作原则促进有效沟通;如何运用非语言行为进行辅助表达等。通过学习和掌握这些策略和技巧,学生可以更加自信地进行跨文化交际。

5. 利用现代技术手段辅助教学

随着科技的发展,现代技术手段为高校英语教学提供了更加丰富的资源和便捷的手段。教师可以利用多媒体课件、网络资源等现代教育技术手段辅助教学,为学生提供更加生动、真实的学习材料。同时,教师还可以利用在线交流平台、社交媒体等工具与学生进行互动交流,为他们提供更加及时、有效的反馈和指导。

二、技术革新带来的高校英语教学机遇

（一）现代技术在英语教学中的应用

随着科技的不断进步,现代技术,如多媒体技术、网络技术、人工智能等已广泛融入高校英语教学,为教学提供了前所未有的机遇。以下将详细探讨这些技术在英语教学中的应用及其带来的变革。

1. 多媒体技术的应用

多媒体技术通过结合文本、图像、音频和视频等多种元素,为英语教学提供了更加丰富、生动的教学资源。教师可以利用多媒体课件制作精美的课件,展示生动的语言实例,创设真实的语言情境,从而激发学生的学习兴趣,提高他们的学习积极性。同时,学生也可以通过多媒体资源进行自主学习,巩固和拓展课堂所学知识。

2. 网络技术的应用

网络技术打破了时间和空间的限制，使得英语教学可以随时随地进行。通过网络平台，教师可以实现远程教学，为学生提供实时的在线辅导和答疑。此外，学生还可以利用网络资源进行自主学习，如观看在线课程、参与在线讨论等。网络技术不仅丰富了教学手段，还促进了师生之间的互动和交流。

3. 人工智能的应用

人工智能技术在英语教学中的应用日益广泛，如智能语音识别、自然语言处理、学习分析等。这些技术可以为学生提供个性化的学习辅导和智能评估，帮助他们更好地掌握语言知识和技能。例如，智能语音识别技术可以纠正学生的发音错误；自然语言处理技术可以分析学生的写作语法和句式；学习分析技术可以跟踪学生的学习进度和效果，为他们提供针对性的学习建议。

（二）技术革新如何提升教学质量

技术革新在高校英语教学中的应用不仅改变了教学方式和手段，更重要的是提升了教学质量。以下将从几个方面详细阐述技术革新如何提升英语教学质量。

1. 提供真实、生动的语言材料和学习环境

传统英语教学往往受限于教材和教室环境，难以提供真实、生动的语言材料和学习环境。而现代技术如多媒体和网络技术可以为学生提供丰富多样的语言材料，如原声电影、新闻广播、网络文章等。这些材料不仅具有真实性和时效性，还能激发学生的学习兴趣和动力。同时，虚拟现实和增强现实等技术还可以创设逼真的语言学习环境，让学生在模拟的情境中进行语言实践，提高他们的语言运用能力。

2. 实现个性化教学和辅导

传统英语教学往往采用"一刀切"的教学方式，难以满足不同学生的个性化需求。而现代技术，如人工智能系统和学习分析技术可以根据学生的学习情况和需求提供个性化的教学和辅导。例如，智能教学系统可以根据学生的知识水平和学习能力制订个性化的学习计划；在线辅导平台可以为学生提供实时的答疑和反馈；学习分析技术还可以跟踪学生的学习进度和效果，为他们提供针

对性的学习建议。这些技术的应用使得英语教学更加符合学生的实际情况和需求，提高了教师的教学效果和学生的学习满意度。

3. 促进师生之间的互动和交流

传统英语教学往往以教师为中心，缺乏师生之间的互动和交流。而现代技术，如网络技术和社交媒体可以促进师生之间的互动和交流。例如，教师可以通过网络平台发布作业、讨论话题等，引导学生积极参与课堂讨论和在线交流；学生也可以通过社交媒体向教师请教问题、分享学习心得等。这些技术的应用不仅加强了师生之间的联系和沟通，还提高了学生的参与度和合作能力。

4. 提高评估的准确性和效率

传统英语教学评估往往采用纸质试卷和人工批改的方式，不仅效率低下而且容易出错。而现代技术，如智能评估系统和在线测试平台可以提高评估的准确性和效率。例如，智能评估系统可以对学生的写作、口语等能力进行自动评分和反馈；在线测试平台可以实现大规模的在线测试和数据分析。这些技术的应用不仅减轻了教师的批改负担，还提高了评估的客观性和公正性。

三、高校英语教学教育政策与市场需求的变化

（一）教育政策对英语教学的影响

教育政策作为指导教育实践的重要文件，对高校英语教学产生着深远的影响。近年来，随着教育国际化趋势的加强，高校英语教学在教育政策的指导下经历了许多变革。以下将详细探讨教育政策对英语教学的影响及其带来的机遇与挑战。

1. 推动英语教学国际化

近年来，教育政策中明确提出了加强教育国际化的目标，鼓励高校开设国际化课程，引进外籍教师，加强与国际高校的合作等。这些政策的实施为英语教学提供了更多的国际交流机会，拓宽了学生的国际视野。外籍教师的引进带来了不同的教学方法和理念，促进了英语教学的创新。同时，与国际高校的合作也为师生提供了更多的学习和研究机会，推动了英语教学的国际化进程。

2. 强化英语应用能力的培养

教育政策强调英语教学应更加注重培养学生的实际语言运用能力，注重实用性和应用性。这就要求英语教学从传统的注重语法和词汇的教学模式转向注重听说读写全面发展的教学模式。通过开设实践课程、组织语言实践活动等方式，培养学生的语言交际能力和跨文化交际能力，使他们能够更好地适应社会的需求。

3. 提出新的英语教学评估标准

教育政策还对英语教学的评估提出了新的要求和标准。传统的以考试成绩为主的评估方式已经无法满足现代教育的需求。新的评估标准更加注重对学生的综合素质和英语应用能力的考察，包括口语表达、写作能力、团队协作等方面的能力。这就要求英语教学在注重知识传授的同时，还要加强对学生综合素质和能力的培养。

4. 挑战与机遇并存

教育政策的变化给高校英语教学带来了挑战，也带来了机遇。挑战在于如何适应新的政策要求，更新教学理念和方法，提高教学质量和水平。机遇在于新的政策为英语教学提供了更多的资源和机会，为教学创新提供了更广阔的空间。高校英语教师需要不断学习新的教学理念和方法，提高自身的教学能力，以更好地适应新的教育政策带来的变化。

（二）市场需求变化如何引导教学改革

随着全球化的深入发展和国际交流的日益频繁，市场对英语人才的需求也在不断变化。这种变化对高校英语教学产生了深远的影响，推动了教学改革的进程。以下将详细探讨市场需求变化是如何引导高校英语教学改革的。

1. 对英语实用能力的需求增加

市场对英语人才的需求从具备单纯的英语语言能力转向了具备良好英语实用能力和跨文化交际能力。这就要求高校英语教学能够紧密关注市场需求变化，及时调整教学内容和方法，注重培养学生的英语听说能力、写作能力和翻译能力等实用技能。通过增加实践教学环节、开设行业英语课程等方式，提高学生的英语实际应用能力，以满足市场的需求。

2. 对英语人才综合素质的要求提高

除了对英语实用能力的需求增加外，市场对英语人才的综合素质也提出了更高的要求，这包括具备创新精神、批判性思维、团队协作能力等方面。高校英语教学需要注重学生的全面发展，通过多样化的教学手段和方法培养学生的综合素质。例如，可以通过开展小组讨论、项目合作等教学活动，提高学生的团队协作能力和批判性思维；通过引导学生参与英语演讲比赛、辩论赛等活动，培养学生的创新精神和口语表达能力。

3. 对英语教学与行业结合的期望上升

市场对高校英语教学与行业结合的期望也在上升。企业希望高校能够培养出更加符合行业需求的英语人才，这就要求高校英语教学能够与行业紧密结合，了解行业的最新动态和需求。通过与企业合作开展实践教学、共同开发课程等方式，教师将行业知识融入英语教学中，使学生在学习英语的同时了解行业的相关知识和技能，提高他们的就业竞争力。

4. 引导教学改革以适应市场需求

市场需求的变化对高校英语教学提出了新的要求和挑战，同时也为教学改革提供了方向和动力。高校需要密切关注市场需求的变化，及时调整教学计划和大纲，更新教学内容和方法。高校通过引入新的教学理念和技术手段，创新教学模式和评价方式，提高教学质量和水平。同时，还需要加强与企业的合作与交流，了解行业的最新动态和需求变化，以便更好地培养符合市场需求的高素质英语人才。

第二章　高校英语教学资源建设与共享

第一节　高校英语教学资源的类型与特点

一、传统教学资源

在传统的高校英语教学中，教学资源主要以纸质材料和实体设施为主，这些资源在教学过程中起到了重要的作用。以下将详细介绍传统教学资源中的教材与教辅材料、实体图书馆与参考书籍、录音带、录像带等视听材料，并分析其特点。

（一）教材与教辅材料

教材和教辅材料是高校英语教学的基础资源。教材通常包括课本、练习册等，它们系统地呈现了英语语言知识和文化背景，为学生提供了学习的主要内容和方向。教辅材料则是对教材的补充和拓展，如教师用书、学生辅导书等，它们提供了额外的教学建议和练习题，有助于学生巩固所学知识。

教材和教辅材料的特点在于其稳定性高，内容经过精心挑选和编排，符合教学规律和学生的认知特点。然而，由于其出版和修订周期较长，更新速度相对较慢，可能无法及时反映最新的语言发展和教学成果。

（二）实体图书馆与参考书籍

实体图书馆和参考书籍是高校英语教学的重要辅助资源。图书馆收藏了大量的英语原著、学术期刊、研究论文等，为学生和教师提供了丰富的阅读和研究资料。参考书籍则涵盖了语法、词汇、修辞等各个方面的知识，有助于学生解决学习中遇到的疑难问题。

实体图书馆和参考书籍的特点在于其资源丰富、种类齐全，能够满足不同学生的学习需求。然而，其局限性在于访问受时间和空间的限制，学生需要亲自到图书馆借阅书籍，且书籍的数量和种类也受限于图书馆的馆藏。

（三）录音带、录像带等视听材料

录音带、录像带等视听材料在高校英语教学中扮演着重要的角色。这些材料以声音和图像的形式呈现了英语的真实语境和交际场景，有助于学生提高听力和口语能力。同时，通过观摩和模仿，学生可以更好地了解英语国家的文化习俗和社会生活。

视听材料的特点在于其生动形象和真实性强，能够激发学生的学习兴趣和积极性。然而，其互动性有限，学生通常只能被动地接受信息，无法进行实时的交流和反馈。此外，录音带、录像带等实体材料也存在保存和携带不便的问题。

二、信息化教学资源

随着信息技术的发展和应用，信息化教学资源在高校英语教学中逐渐占据主导地位。这些资源以数字化和网络化的形式呈现，为教学提供了更加便捷、高效的方式和手段。以下将详细介绍信息化教学资源中的数字教材与在线课程、网络图书馆与电子期刊、多媒体教学资源以及交互式学习软件与平台，并分析其特点。

（一）数字教材与在线课程

数字教材和在线课程是信息化教学资源的重要组成部分。数字教材将传统纸质教材的内容以数字化的形式呈现，便于学生随时随地进行学习。在线课程则提供了更加丰富多样的学习内容和学习方式，如视频讲解、在线讨论、小组合作等，能够满足不同学生的学习需求和学习风格。

数字教材和在线课程的特点在于其更新速度快，能够及时反映最新的教学成果和语言发展动态。同时，其内容丰富多样、互动性强，有助于激发学生的学习兴趣和积极性。此外，通过在线学习平台，学生还可以根据自己的学习进度和需求进行自主学习和个性化学习。

（二）网络图书馆与电子期刊

网络图书馆和电子期刊是信息化教学资源的另一重要组成部分。网络图书馆将传统实体图书馆的资源以数字化的形式整合到网络上，便于学生随时随地进行访问和借阅。电子期刊则提供了大量的学术论文和研究成果，有助于学生了解最新的学术动态和研究方向。

网络图书馆和电子期刊的特点在于其资源丰富、访问便捷。通过网络检索功能，学生可以快速找到所需的资料和信息。同时，电子资源的保存和共享也更加方便，有助于促进学术交流和合作。

（三）多媒体教学资源

多媒体教学资源如音视频、动画等在高校英语教学中发挥着越来越重要的作用。这些资源以声音、图像、动画等多种形式呈现英语知识，有助于学生在轻松愉快的氛围中掌握知识要点。例如，通过观看英文电影或动画片，学生可以直观地了解英语国家的文化和生活方式；通过听英语歌曲或演讲，学生可以提高听力和口语表达能力。

多媒体教学资源的特点在于其生动形象、直观性强，能够吸引学生的注意力并激发他们的学习兴趣。同时，多媒体资源还可以根据教学内容和目标进行定制和开发，以满足特定的教学需求。

（四）交互式学习软件与平台

交互式学习软件和平台是现代高校英语教学的重要辅助工具。这些软件和平台通常具有智能评估、实时反馈、在线协作等功能，有助于学生在自主学习的过程中进行自我检测和巩固提高。通过在线测试和练习，学生可以及时了解自己的学习进度和掌握情况；通过在线讨论和交流，学生可以与他人分享学习心得并解决疑难问题。

交互式学习软件和平台的特点在于其互动性强、个性化程度高。学生可以根据自己的学习需求和兴趣选择合适的学习内容和方式；同时，软件和平台还可以根据学生的学习表现进行智能推荐和引导，以帮助他们更加高效地进行学习。此外，交互式学习软件和平台还具有便捷性和可访问性强的特点，学生可以随时随地进行学习而不受时间和空间的限制。

第二节　高校信息化英语教学资源的开发与应用

一、开发策略

随着信息技术的飞速发展，高校英语教学正面临着前所未有的变革。信息化教学资源作为这场变革的重要推动力，其开发与应用策略显得尤为重要。以下将详细探讨教师与学生共同参与开发、校企合作与引进国外优质资源以及利用开源平台进行资源整合与创新等开发策略。

（一）教师与学生共同参与开发

在传统的教学资源开发过程中，教师往往扮演着主导者的角色，而学生则处于被动接受的状态。然而，在信息化时代，学生的主体性和创造性得到了空前的发挥，他们不再满足于仅仅作为知识的接受者，而是希望成为知识的创造者和分享者。因此，让学生积极参与到教学资源开发中来，不仅有助于激发学生的学习兴趣和积极性，还能培养他们的创新能力和实践能力。

具体而言，教师可以通过设立课题研究、组织小组讨论、开展实践活动等方式，引导学生参与到教学资源的设计、制作和评价过程中来。例如，教师可以鼓励学生利用多媒体技术制作英语课件、编写英语剧本、录制英语视频等，然后将这些作品作为教学资源共享给其他同学。这样不仅能提升学生的英语应用能力，还能促进同学之间的交流与合作。

（二）校企合作与引进国外优质资源

高校英语教学资源的开发不仅需要学校内部的努力，还需要与外部社会进行广泛的合作与交流。校企合作和引进国外优质资源就是两种重要的合作方式。

校企合作可以将企业的先进技术和实践经验引入到教学资源开发中来，使教学资源更加贴近实际需求和行业发展。例如，高校可以与外资企业、跨国公司等合作，共同开发针对特定行业或岗位的英语培训课程，以提高学生的职业英语能力和就业竞争力。

引进国外优质资源则可以借鉴国外先进的教学理念和教学方法，丰富和拓展教学资源的内容和形式。例如，高校可以引进国外优秀的英语教材、在线课程、教学软件等，为学生提供更加多元化和国际化的学习体验。同时，通过与国际知名教育机构或专家学者的合作与交流，高校还可以及时了解国际英语教学的最新动态和趋势，不断提升自身的教学水平和国际影响力。

（三）利用开源平台进行资源整合与创新

开源平台是一种基于开放源代码的软件开发模式，它允许用户自由获取、修改和分发软件及其源代码。在高校英语教学资源的开发中，利用开源平台进行资源整合与创新具有诸多优势。

开源平台提供了丰富的软件工具和开发框架，可以降低教学资源开发的难度和成本。通过利用这些工具和框架，教师可以更加便捷地制作出高质量的多媒体课件、交互式练习等教学资源。

开源平台促进了资源共享与协作创新。在开源社区中，来自世界各地的开发者可以共同参与到教学资源的开发中来，通过集思广益和相互协作，不断推动教学资源的创新与完善。同时，开源平台还允许用户自由获取和使用其他开发者贡献的资源成果，从而实现了资源的最大化利用和共享。

二、应用模式

信息化英语教学资源的应用模式多种多样，以下将详细介绍翻转课堂与混合式教学、在线自主学习与协作学习、移动学习与微课程应用以及虚拟现实与增强现实技术在英语教学中的应用等模式。

（一）翻转课堂与混合式教学

翻转课堂是一种将传统课堂内外的时间进行重新分配的教学模式。在翻转课堂中，教师提前将教学内容以视频、课件等形式发布给学生，让学生在课外进行自主学习；而在课堂上，教师则主要负责引导学生进行讨论、实践和解决问题。这种教学模式强调了学生的主体性和主动性，有助于提高学生的学习兴趣和效果。

混合式教学则是将在线教学和传统教学的优势结合起来的一种教学模式。在混合式教学中，教师既可以利用在线教学资源进行远程授课和辅导，也可以组织面对面的课堂教学活动进行深入的讨论和实践。这种教学模式既保留了传统教学的互动性和即时性优势，又发挥了在线教学的灵活性和个性化优势。

在高校英语教学中应用翻转课堂和混合式教学模式时，教师可以利用信息化教学资源，如多媒体课件、在线测试系统、互动交流平台等辅助学生进行课外自主学习和课堂互动讨论。同时还可以通过设置任务驱动、小组合作等方式激发学生的学习兴趣和积极性，提高教学效果。

（二）在线自主学习与协作学习

在线自主学习是指学生利用网络教学平台进行独立学习和自我提升的过程。在这个过程中，学生可以根据自己的学习需求和兴趣选择合适的教学资源进行自主学习；同时还可以通过在线测试、学习记录等方式及时了解自己的学习进度和效果。这种学习方式强调了学生的自主性和选择性，有助于培养学生的自主学习能力和终身学习习惯。

协作学习则是指学生在网络环境下通过小组讨论、项目合作等方式进行共同学习和交流的过程。在这个过程中，学生可以相互分享学习资源、讨论学习问题、评价学习成果等；同时还可以通过协作完成任务或项目来培养团队合作精神和创新能力。这种学习方式强调了学生的互动性和合作性，有助于提升学生的沟通能力和社会适应能力。

在高校英语教学中应用在线自主学习和协作学习模式时，教师可以利用信息化教学资源，如网络教学平台、在线讨论区、协作工具等为学生提供丰富的学习资源和便捷的交流渠道。同时还可以通过设置在线作业、小组任务等方式引导学生进行自主学习和协作交流；并通过定期的检查和反馈来监督学生的学习进度和效果。

（三）移动学习与微课程应用

移动学习是指利用移动设备，如手机、平板电脑等进行随时随地的学习活动。这种学习方式打破了时间和空间的限制，使学生可以在任何时间、任何地点进行学习和提升。而微课程则是一种短小精悍的数字化教学资源，通常以视频、音频、图文等形式呈现某个知识点或技能点的内容。微课程具有内容精炼、形式多样、易于传播等特点，非常适合用于移动学习场景。

在高校英语教学中应用移动学习和微课程应用模式时，教师可以利用信息化教学资源，如移动教学平台、微课程制作工具等为学生提供便捷的移动学习体验和丰富的微课程资源。学生可以通过手机或平板电脑随时随地进行英语学习，同时还可以通过观看微课程视频、听取微课程音频等方式快速掌握某个知识点或技能点的内容。这种学习方式既方便又高效，非常适合现代大学生的生活节奏和学习需求。

（四）虚拟现实与增强现实技术在英语教学中的应用

虚拟现实（VR）和增强现实（AR）技术是近年来兴起的两种新型信息技术。它们通过模拟或增强现实场景来为用户提供沉浸式的体验感受。在高校英语教学中应用 VR 和 AR 技术可以为学生创造更加真实、生动的英语学习环境，同时还可以帮助学生更好地理解和掌握英语知识。

例如，利用 VR 技术可以模拟真实的英语交际场景如商场购物、机场登机、酒店入住等，让学生在虚拟的环境中进行角色扮演和对话练习。这种方式不仅可以提高学生的口语表达能力和交际能力，还可以帮助学生更好地了解英语国家的文化和生活方式。而利用 AR 技术则可以将虚拟信息叠加到真实场景中，让学生在现实世界中与虚拟信息进行互动和交流。这种方式既增强了学生的学习兴趣和体验感，又提高了学生的英语应用能力和创新能力。

三、挑战与对策

虽然信息化英语教学资源的开发与应用为高校英语教学带来了诸多便利和机遇，但同时也面临着一些挑战和问题。以下将针对技术更新与培训需求、资源整合与版权问题以及学生参与度与效果评估等挑战提出相应的对策和建议。

（一）技术更新与培训需求

随着信息技术的飞速发展，新的教学工具和平台不断涌现，这就要求教师和学生必须不断学习和掌握新的技术知识和技能以适应教学需求的变化。然而，在实际的教学过程中，往往存在着技术更新速度快、培训需求大但培训资源有限等矛盾和问题。

为了应对这一挑战，高校可以采取以下措施。一是加强技术培训和指导力度，定期组织教师和学生参加相关的技术培训或研讨会，提高他们的技术应用能力和水平；二是建立完善的技术支持体系，为教师和学生提供及时有效的技术支持和帮助，解决他们在使用过程中遇到的技术问题和困难；三是鼓励教师和学生自主学习和探索新的技术知识和技能，培养他们的创新能力和终身学习习惯。

（二）资源整合与版权问题

在信息化英语教学资源的开发与应用过程中，往往需要对各种类型的教学资源进行整合和创新使用。然而，在实际的操作过程中，往往存在着资源整合难度大、版权问题复杂等挑战和问题。例如，在利用网络资源进行教学资源整合时，可能会遇到资源来源不明、版权归属不清等问题；而在利用他人作品进行教学资源创新时，则可能会涉及侵犯版权等法律风险。

为了应对这一挑战，高校可以采取以下措施。一是加强资源整合的规范性和合法性，明确资源整合的目的和范围，遵守相关的法律法规和版权规定，尊重他人的知识产权和劳动成果；二是建立完善的版权管理制度和流程，对涉及版权的教学资源进行严格的审核和管理，确保教学资源的合法性和安全性；三是加强与版权方的沟通和合作，积极寻求合法合规的版权授权或合作方式，为教学资源的整合和创新提供有力的法律保障和支持。

（三）学生参与度与效果评估

信息化英语教学资源的开发与应用旨在提高学生的学习兴趣和效果，然而，在实际的教学过程中，往往存在着学生参与度不高、效果评估困难等问题。这主要是由于学生的学习动机、学习风格以及学习环境等多种因素的影响所致。

为了应对这一挑战，高校可以采取以下措施。一是加强对学生的引导和激励力度，明确学生的学习目标和任务，提供丰富多样的学习资源和活动形式，激发学生的学习兴趣和积极性；二是建立完善的效果评估体系和机制，制订科学合理的评估标准和方法，对学生的学习过程、学习成果以及教学资源的使用情况进行全面客观的评估；三是加强与学生的沟通和反馈机制，及时了解学生的学习需求和反馈意见，对教学资源进行不断优化和改进，提高教学效果和满意度。

第三节　高校英语教学资源的共享机制与平台建设

一、共享机制

随着信息技术的迅速发展和教育信息化的深入推进，高校英语教学资源的共享已成为提升教育质量、促进教育公平的重要途径。

（一）校内共享

校内共享是指通过局域网或校园网等内部网络，实现高校内部英语教学资源的共享。这种共享方式便于师生随时随地访问教学资源，提高教学资源的利用率和教学效果。为实现校内共享，高校需要从以下几个方面入手。

1. 建立完善的教学资源管理平台

高校应投入必要的人力和物力，开发或引进先进的教学资源管理平台，将分散在各个院系、教研室的教学资源进行统一整合和管理。平台应具备资源分类、检索、上传、下载、评价等功能，方便师生快速找到所需资源。

2. 制订科学的资源共享政策和激励机制

高校应明确资源共享的目标和原则，制订详细的资源共享政策，包括资源上传标准、使用规则、版权保护等。同时，建立激励机制，如设立资源共享奖励基金、将资源共享情况纳入教师考核体系等，鼓励教师积极上传和分享优质教学资源。

3. 加强校园网络建设

校园网络是校内共享的基础设施，高校应加大投入，提升网络带宽和稳定性，确保师生能够流畅地访问和使用教学资源。此外，还应加强网络安全管理，防止教学资源被非法获取或篡改。

4. 推广校内共享文化

高校应通过举办讲座、培训、研讨会等活动，提高师生对校内共享的认识和参与度。同时，积极宣传校内共享的成功案例和效果，营造良好的共享氛围。

（二）校际共享

校际共享是指通过建立校际合作关系，实现不同高校之间英语教学资源的共享。这种共享方式可以扩大资源的利用范围，促进高校间的交流与合作。为实现校际共享，高校需要从以下几个方面入手。

1. 积极参与区域性或全国性的教学资源共享联盟或平台

高校应主动加入相关联盟或平台，与其他高校建立合作关系，共同开发和分享优质教学资源。通过联盟或平台，可以实现教学资源的跨校访问和使用，提高资源的利用率和效益。

2. 加强校际间的网络互联和数据交换

高校应建立稳定的网络连接和数据交换机制，确保教学资源能够顺畅地在不同高校之间传输和共享。同时，还应加强网络安全管理，保障教学资源的安全性和完整性。

3. 开展校际间的教师互访和学生交流活动

通过互访和交流，可以促进不同高校之间的教学理念和教学方法的碰撞与融合，推动教学资源的创新与发展。同时，还可以增进师生之间的友谊和合作，为未来的学术研究和人才培养打下坚实基础。

4. 建立校际共享的长效机制

为实现校际共享的可持续发展，高校应建立长效机制，包括定期举办校际共享研讨会、制订共享资源更新和维护计划、设立共享资源质量监控体系等。同时，还应加强与合作高校之间的沟通和协调，及时解决共享过程中出现的问题和困难。

（三）社会共享

社会共享是指通过开放教育资源（OER）或慕课（MOOC）等形式，向社会公众开放高校英语教学资源的一种共享方式。这种共享方式可以提高教育的公平性和普及率，推动终身学习和学习型社会的建设。为实现社会共享，高校需要从以下几个方面入手。

1. 积极拥抱开放教育理念

高校应转变传统观念，将优质英语教学资源以开放、免费或低成本的方式提供给社会公众。通过开设公开课、发布在线课程、建立开放教育资源库等方式，让更多的人享受到优质的教育资源。这不仅可以提高高校的社会声誉和影响力，还可以促进教育公平和普及。

2. 加强与政府、企业等社会力量的合作

高校应积极寻求与政府、企业等社会力量的合作机会，共同推动教育资源的开放与共享。例如，可以与政府部门合作开展公益性质的在线教育项目；与企业合作开发具有实际应用价值的课程资源等。通过合作，可以实现资源共享的互利共赢和可持续发展。

3. 建立完善的知识产权保护机制

在开放教育资源的过程中，高校应高度重视知识产权保护问题。建立完善的知识产权保护机制，包括明确资源版权归属、制订资源使用规则、建立侵权投诉处理机制等。同时，加强对师生的知识产权教育和培训，提高师生的知识产权意识和保护能力。

4. 不断提升资源质量和服务水平

为实现社会共享的可持续发展，高校应不断提升资源质量和服务水平。加强对开放教育资源的审核和评估工作，确保资源的准确性和科学性；建立完善的用户反馈机制和服务体系，及时解答用户疑问和处理用户问题；定期更新和维护资源内容和技术平台，保持资源的时效性和先进性。

二、平台建设

随着信息技术的飞速发展和教育改革的不断深入，高校英语教学资源共享平台已成为提升教育质量、促进教育公平的重要途径。

（一）硬件基础设施建设

硬件基础设施是支撑高校英语教学资源共享平台稳定运行的基础，其重要性不言而喻。为确保平台的稳定运行和数据安全，高校需要在硬件基础设施建设方面投入足够的资金和技术力量。

1. 服务器与存储设备

高校应选购高性能的服务器和大容量的存储设备，以满足平台在高并发访问、大数据处理等方面的需求。同时，还需要建立服务器和存储设备的冗余备份机制，确保在设备故障时能够快速切换，保障平台的连续可用性。

2. 网络设备

高速稳定的网络设备是确保平台访问顺畅的关键。高校应选购高性能的路由器、交换机等网络设备，并建立完善的网络拓扑结构和流量控制机制，确保平台在网络高峰时段仍能保持稳定的访问速度。

3. 网络安全防护

网络安全是硬件基础设施建设中不可忽视的一环。高校应建立完善的网络安全防护体系，包括防火墙、入侵检测、病毒防护等措施，确保平台免受网络攻击和数据泄露等安全隐患的威胁。

4. 数据备份与恢复

为防止数据丢失和进行灾难恢复，高校需要建立完善的数据备份和恢复机制。定期对平台数据进行备份，并存储在安全可靠的位置。同时，制订详细的数据恢复流程，确保在发生数据丢失时能够快速恢复。

（二）软件系统开发

软件系统是实现高校英语教学资源共享平台功能的核心，其开发质量直接关系到平台的使用体验和用户满意度。

1. 需求分析与系统设计

在软件系统开发前期，高校需要对平台的功能需求进行深入分析，明确用户需求和业务流程。在此基础上，进行系统的架构设计、数据库设计等工作，确保软件系统的稳定性和扩展性。

2. 功能模块开发

根据需求分析和系统设计的结果，高校可以开启功能模块的开发工作。这包括资源管理系统、在线学习系统、互动交流平台等核心模块的开发。在开发过程中，需要注重代码的可读性、可维护性和性能优化，确保软件系统的质量和效率。

3. 系统测试与优化

在功能模块开发完成后，高校需要对软件系统进行全面的测试和优化工作。

通过单元测试、集成测试、性能测试等多种测试手段，确保软件系统的功能和性能满足预期要求。同时，根据测试结果对系统进行优化调整，提高系统的稳定性和用户体验感。

4. 版本管理与更新

软件系统的版本管理和更新是确保平台持续发展的重要保障。高校需要建立完善的版本管理机制，对软件系统的每次更新进行详细的记录和发布说明。同时，根据用户反馈和业务发展需要，定期对软件系统进行更新升级，以满足不断增长的用户需求和业务发展需要。

（三）资源整合与优化

资源整合与优化是实现高校英语教学资源共享的关键环节，其目标是形成结构化、系统化的资源库，便于用户检索和利用。

1. 资源分类与标注

高校需要对分散在各个来源、各个格式的英语教学资源进行统一分类和标注。制订统一的资源分类标准和标注规范，确保资源的准确性和一致性。同时，采用先进的技术手段对资源进行自动化处理和智能化推荐，提高资源的检索效率和利用率。

2. 资源整合与存储

在资源分类和标注的基础上，高校需要对各类英语教学资源进行整合和存储。建立结构化的资源库管理系统，实现资源的统一存储和管理。同时，采用高性能的存储设备和数据压缩技术，确保资源的存储效率和访问速度。

3. 资源更新与维护

为确保资源的时效性和准确性,高校需要建立完善的资源更新和维护机制。定期对资源库中的资源进行更新和审核，删除过时和无效的资源，补充新的优质资源。同时，建立用户反馈机制，鼓励用户对资源进行评价和推荐，促进资源的不断优化和完善。

4. 外部资源链接与融合

为实现更大范围内的资源共享与利用，高校需要加强与外部资源的链接和融合。积极与其他高校、教育机构、企业等建立合作关系，共享优质英语教学资源。同时，通过开放接口和数据交换协议等技术手段实现与外部资源的无缝链接和融合。

（四）平台推广与维护

平台推广与维护是确保高校英语教学资源共享平台持续发展和创新的重要保障，其目标是提高平台的知名度和使用率，确保平台的稳定性和安全性。

1. 宣传推广

高校需要积极利用各种渠道进行宣传推广，提高平台的知名度和使用率。这包括校园网站、社交媒体、学术会议等多种渠道。同时，可以开展有针对性的宣传活动，如举办讲座、培训、研讨会等，吸引更多的用户关注和使用平台。

2. 培训支持

为帮助师生更好地使用平台资源和功能，高校需要开展针对性的培训和支持活动。这包括制订详细的用户手册和操作指南，提供在线咨询和电话支持等服务。同时，可以定期举办培训班和研讨会等活动，提高师生的信息素养和技能水平。

3. 系统维护与更新

为确保平台的稳定性和安全性，高校需要定期进行系统维护和更新工作。这包括服务器和存储设备的巡检和维护、软件系统的漏洞修补和功能升级等。同时，建立完善的用户反馈机制和问题处理流程，及时响应和解决用户在使用过程中遇到的问题和困难。通过持续的技术投入和更新迭代，确保平台始终保持在行业前沿水平。

4. 用户管理与权限控制

为保障平台的安全性和数据的保密性，高校需要建立完善的用户管理和权限控制机制。对用户进行身份验证和授权访问控制，确保只有合法的用户才能访问平台资源和功能。同时，对用户的行为进行监控和审计，防止恶意攻击和数据泄露等安全隐患的发生。

第三章　高校英语教学中的信息化伦理与道德问题

第一节　信息化伦理与道德的内涵及要求

一、信息化伦理与道德的内涵

随着信息技术的飞速发展，信息化已经渗透到社会的各个领域，对人们的生活、工作和学习产生了深远的影响。在信息化进程中，伦理与道德问题日益凸显，成为不可忽视的重要议题。信息化伦理与道德的内涵，主要体现在以下几个方面。

（一）信息化伦理的内涵

信息化伦理是指在信息技术应用中，人们应遵循的道德规范和伦理原则。它强调在信息技术的使用、信息的传播、信息的安全等方面，人们都应遵守相应的道德标准。信息化伦理的核心在于平衡信息技术与人类社会的关系，确保信息技术的发展符合人类的道德标准和价值观。

具体来说，信息化伦理要求人们在信息技术应用中，尊重他人的权益和尊严，不侵犯他人的隐私和知识产权；同时，也要求人们在使用信息技术时，保持诚信和公正，不传播虚假信息或进行不正当竞争。此外，信息化伦理还强调对信息技术的负责任使用，防范信息技术可能带来的风险和危害。

（二）信息化道德的内涵

信息化道德是指在信息化环境下，人们的行为所表现出的道德品质和道德修养。它要求人们在信息化环境中，保持高尚的道德情操和良好的行为习惯，自觉遵守社会公德和职业道德。

信息化道德的内涵包括诚实守信、尊重他人、保护隐私、公正公平等方面。在信息化环境中，人们应该遵守诚实守信的原则，不进行欺诈行为或传播虚假信息；同时，也要尊重他人的权益和尊严，不侵犯他人的隐私和名誉。此外，信息化道德还要求人们在信息资源的获取和使用上保持公正公平的态度，不损害他人的利益。

二、信息化伦理与道德的要求

在信息化时代，伦理与道德的要求更加严格和具体。以下分别从尊重知识产权、保护学生隐私、遵循信息传播伦理规范和维护信息安全四个方面进行论述。

（一）尊重知识产权

知识产权是创新成果的重要保护手段，也是推动科技进步和文化繁荣的重要保障。在信息化环境中，尊重知识产权尤为重要。这要求人们在获取和使用教学资源时，严格遵守知识产权法律法规，不盗用、不抄袭他人的教学资源和成果。同时，也要积极推广正版软件和教材，抵制盗版和侵权行为。

教育机构和教师应加强知识产权教育，提高学生的知识产权意识。在教学过程中，应引导学生正确使用他人的教学资源和成果，注明出处并尊重原作者的权益。此外，还应建立完善的知识产权管理制度和维权机制，及时处理知识产权纠纷和侵权行为。

（二）保护学生隐私

在信息化环境中，学生的个人信息和学习情况面临着泄露的风险。保护学生隐私是教育机构和教师应尽的责任。这要求教育机构和教师严格遵守隐私保护法律法规，不泄露学生的个人信息和学习情况。同时，也要加强对学生个人信息的保护和管理，建立完善的信息安全管理制度和操作规程。

在教学过程中，教师应避免公开或泄露学生的敏感信息，如家庭背景、身心状况等。对于需要公开的信息，应征得学生或家长的同意并进行必要的脱敏处理。此外，教师还应加强对学生的网络安全教育，提高学生的网络安全意识和自我保护能力。

（三）遵循信息传播的伦理规范

信息传播是信息化环境中的重要活动之一。遵循信息传播的伦理规范对于维护信息秩序和社会稳定具有重要意义。这要求人们在传播教学信息时，确保信息的真实性、准确性和完整性，不传播虚假、误导性的教学信息。同时，也要避免传播不良信息或进行恶意炒作等行为。

教育机构和教师应加强对信息传播的管理和监督，建立完善的信息审核机制和发布流程。对于涉及敏感或重要信息的内容，应进行严格的审核和把关，确保信息的准确性和可靠性。此外，还应积极倡导健康向上的信息传播氛围，引导学生树立正确的信息价值观和传播观。

（四）维护信息安全

信息安全是信息化环境中的核心问题之一。维护信息安全对于保障个人权益和国家安全具有重要意义。这要求人们在使用信息技术时，加强网络安全防护和数据备份恢复工作，防范网络攻击和数据泄露等安全隐患。同时，也要提高信息安全意识和应对能力，及时发现和处理信息安全事件。

教育机构和教师应加强信息安全教育和培训，提高学生的信息安全意识和技能水平。同时，还应建立完善的信息安全管理制度和应急预案，确保在发生信息安全事件时能够及时响应和处理。此外，还应加强与相关部门的合作和信息共享，共同维护信息安全和社会稳定。

第二节　高校英语教学中信息化伦理与道德的挑战及困境

一、教学资源使用的伦理与道德问题

在高校英语教学中，教学资源的获取和使用是教学活动的重要组成部分。然而，随着信息技术的广泛应用，教学资源的伦理与道德问题日益凸显，给高校英语教学带来了严峻的挑战。

（一）网络资源的盗用和抄袭现象严重

在信息化时代，网络资源的获取变得异常便捷，但同时也为盗用和抄袭行为提供了可乘之机。一些教师或学生为了节省时间和精力，直接在网络上搜索并下载他人的教学资源或成果，未经授权就擅自使用或稍作修改后使用。这种行为严重侵犯了原创作者的知识产权和劳动成果，破坏了学术研究的诚信原则，也损害了高校英语教学的声誉和形象。

（二）教学资源的过度商业化和利益驱动

随着市场经济的不断发展，一些商业机构或个人为了追求经济利益，将教学资源作为商品进行过度开发和销售。他们通过各种手段获取他人的教学资源或成果，然后进行包装和宣传，以高价出售给需要的教师或学生。这种行为不仅违背了教学资源的共享和公益性质，也加剧了教学资源使用的不平等和不公平现象。同时，一些教师或学生为了获取更多的经济利益，也可能将自己的教学资源或成果出售给商业机构或个人，从而进一步加剧了教学资源的商业化趋势。

（三）忽视知识产权，对原创作者造成损失

知识产权是保护创新成果和激励创新活动的重要法律制度。然而，在高校英语教学资源的获取和使用过程中，一些教师或学生往往忽视知识产权的重要性，未经授权就擅自使用他人的教学资源或成果。这种行为不仅侵犯了原创作者的知识产权和合法权益，也打击了他们的创新积极性和创作热情。同时，由于缺乏有效的知识产权保护和维权机制，一些原创作者在面对侵权行为时往往难以维护自己的权益和利益。

二、学生隐私保护的挑战

随着信息技术的不断发展和应用，高校英语教学中的学生隐私保护问题也日益凸显。在信息化环境下，学生的个人信息和学习行为都面临着被泄露和滥用的风险。

（一）学生个人信息泄露的风险加大

在信息化环境下，学生的个人信息包括姓名、学号、家庭背景、联系方式等都可能被泄露。一些不法分子或商业机构可能通过非法手段获取这些信息并进行滥用或出售给第三方。同时，一些教师或管理人员也可能因为疏忽或不当操作而导致学生个人信息的泄露。这些信息一旦泄露，就可能被用于诈骗、骚扰等不法行为，给学生带来严重的损失和困扰。

（二）学习行为监控与隐私保护的平衡难以把握

为了提高教学质量和效果，一些高校可能会采用学习行为监控技术来跟踪和分析学生的学习情况。然而，这种行为监控技术往往涉及学生的隐私保护问题。如果监控过度或不当使用，就可能侵犯学生的隐私权和人格尊严。同时，如果缺乏有效的监管和制约机制，这种行为监控技术也可能被滥用或误用，给学生带来不必要的困扰和伤害。

（三）网络环境下学生心理健康的保护问题突出

网络环境是一个相对开放和自由的空间，但也存在着一些不良信息和行为。一些学生在网络环境中可能会受到不当言论的侵害，导致心理健康受到损害。同时，一些学生也可能因为过度沉迷于网络世界而忽视现实中的学习和社交活动，导致学业成绩下降和人际关系疏远。这些问题都需要高校在信息化教学中予以关注和解决。

三、信息传播与互动的伦理失范

高校英语教学中的信息传播与互动是教学活动的重要组成部分。然而，在信息化环境下，信息传播与互动的伦理失范问题也日益突出。

（一）网络谣言和教学误导的传播

网络是一个信息传播速度极快的平台，但也是一个谣言和误导信息滋生的温床。一些不法分子或恶意用户可能会在网络上发布虚假信息或误导性言论，试图干扰或破坏正常的教学秩序。同时，一些教师或学生也可能因为缺乏辨别能力或受到误导而传播这些信息，给教学活动带来不必要的困扰和混乱。因此，高校需要加强对网络信息的监管和审核力度，确保教学信息的真实性和准确性。

（二）网络不当言论的出现

网络环境的匿名性和开放性使得一些用户可能会在网络上发布攻击性、侮辱性或歧视性的言论或行为。这种行为破坏了网络环境的和谐与稳定。同时，一些教师或学生也可能因为情绪失控或受到挑衅而参与这种行为，进一步加剧了不当言论的蔓延。因此，高校需要加强对网络言论和行为的监管和管理力度，倡导文明、理性、友善的网络交流氛围。

（三）缺乏有效的信息传播监管机制

在高校英语教学中，缺乏有效的信息传播监管机制是导致伦理失范问题频发的重要原因之一。由于缺乏专门的监管机构或人员来负责审核和管理教学信息的内容和传播方式，一些不良信息或行为往往能够轻易地进入教学领域并造成负面影响。同时，由于缺乏有效的惩罚和制约机制来约束不当行为者的行为，一些伦理失范问题往往难以得到及时有效的解决和处理。因此，高校需要建立健全的信息传播监管机制来确保教学信息的健康有序传播。

第三节　加强高校英语教学中信息化伦理与道德教育的策略

一、完善相关法律法规和制度规范

在信息化时代，高校英语教学面临着前所未有的伦理与道德挑战。为了应对这些挑战，首先需要从法律和制度层面进行完善，确保教学活动在合法、合规的框架内进行。

（一）建立健全知识产权保护和隐私保护等法律法规

随着信息技术的迅猛发展，高校英语教学中的知识产权和隐私保护问题日益凸显。为了有效应对这些问题，国家应建立健全相关法律法规，为高校英语教学提供坚实的法治保障。

1. 知识产权法律法规的完善

知识产权是高校英语教学中的重要资源，涉及教材、课件、教学视频等多个方面。为了保护知识产权，国家应制订和完善相关法律法规，明确知识产权的归属、使用、转让等方面的规定。具体而言，可以采取以下措施。

（1）明确知识产权的归属原则。对于高校英语教学中产生的知识产权，应明确其归属原则，避免产生权属纠纷。一般情况下，教师可以享有其创作的教学成果的知识产权，但学校也可以根据实际情况制订相关规定。

（2）规范知识产权的使用行为。高校英语教学中使用他人的知识产权时，应遵守相关法律法规和规定，尊重原作者的权益。例如，在使用他人的教学课件或视频时，应事先征得原作者的同意并支付相应的费用。

（3）加强知识产权的转让管理。对于需要转让的知识产权，应建立规范的转让管理制度，明确转让的程序、条件和责任等。同时，还应加强对转让行为的监管和评估，确保转让行为的合法性和公平性。

2. 隐私保护法律法规的完善

隐私保护是高校英语教学中的另一个重要问题。随着大数据、人工智能等技术的应用，学生的个人信息和学习行为数据可能被泄露或滥用。为了保护学生的隐私权益，国家应制订和完善相关法律法规，明确个人隐私信息的保护范围、泄露后的法律责任等。具体而言，可以采取以下措施。

（1）明确个人隐私信息的保护范围。个人隐私信息包括姓名、身份证号、联系方式、家庭住址等敏感信息。国家应明确这些信息的保护范围，禁止未经授权的个人或机构获取和使用这些信息。

（2）建立隐私泄露应急处理机制。一旦发生隐私泄露事件，应立即启动应急处理机制，采取必要的措施进行补救和赔偿。同时，还应加强对泄露事件的调查和处理力度，追究相关责任人的法律责任。

（3）加强对隐私保护技术的研发和应用。为了提高隐私保护的效果和效率，国家应鼓励和支持相关机构和企业加强对隐私保护技术的研发和应用。例如，可以采用加密技术、匿名化技术等手段来保护学生的个人隐私信息。

（二）加强高校内部的信息技术管理制度和规范

除了国家层面的法律法规外，高校还应加强内部的信息技术管理制度和规范建设。这包括制订严格的信息安全管理制度、数据保护政策、网络使用规范等，明确各部门和人员在信息技术使用中的职责和权限。通过这些制度和规范的建立及执行，确保高校英语教学中的信息技术使用符合伦理和道德要求，保障教学活动的正常进行。

1. 信息安全管理制度的建立与执行

信息安全是高校英语教学中的重要保障。为了确保信息系统的安全稳定运行，高校应建立严格的信息安全管理制度，并加强对其执行情况的监督和检查。具体而言，可以采取以下措施。

（1）制订完善的信息安全管理制度。高校应根据自身情况制订完善的信息安全管理制度，包括网络安全管理、系统安全管理、数据安全管理等方面的内容。制度应明确各部门和人员的职责和权限，确保信息系统的安全稳定运行。

（2）加强信息安全培训和宣传。高校应定期组织开展信息安全培训和宣传活动，提高师生员工的信息安全意识和技能水平。同时，还应加强对新生和入职员工的信息安全教育和培训力度。

（3）建立信息安全事件应急处理机制。一旦发生信息安全事件（如黑客攻击、数据泄露等），高校应立即启动应急处理机制，采取必要的措施进行补救和恢复。同时，还应加强对事件原因的调查和分析力度，防止类似事件再次发生。

2. 数据保护政策的制订与实施

数据保护是高校英语教学中的重要任务之一。为了保护学生的个人隐私信息和学习行为数据不被泄露或滥用，高校应制订严格的数据保护政策并加强对其实施情况的监督和检查。具体而言，可以采取以下措施。

（1）明确数据采集、存储和使用的规范。高校应明确数据采集、存储和使用的规范和要求，确保数据的合法性和准确性。同时，还应加强对数据采集、存储和使用过程的监管和评估力度。

（2）建立数据访问和共享机制。对于需要访问和共享的数据，高校应建立规范的访问和共享机制，明确访问和共享的条件、程序和责任等。同时，还应加强对访问和共享行为的监管和评估力度。

（3）加强数据备份和恢复管理。为了防止数据丢失或损坏，高校应建立完善的数据备份和恢复管理制度，定期对重要数据进行备份和恢复操作。同时，还应加强对备份数据的存储和管理力度。

3. 网络使用规范的制订与执行

网络是高校英语教学中的重要工具之一。为了规范师生的网络使用行为，高校应制订严格的网络使用规范并加强对其执行情况的监督和检查。具体而言，可以采取以下措施。

（1）明确网络使用的原则和要求。高校应明确网络使用的原则和要求，包括遵守国家法律法规、尊重他人权益、保护个人隐私等方面的内容。同时，还应加强对网络使用行为的监管和评估力度。

（2）建立网络违规处理机制。对于违反网络使用规范的行为（如发布不良信息、侵犯他人权益等），高校应立即进行处理并追究相关责任人的责任。同时，还应加强对网络违规行为的预防和教育力度。

（3）加强网络安全管理。为了防止网络攻击和数据泄露等安全隐患的发生，高校应加强网络安全管理力度，采取必要的措施进行防范和应对。例如，可以采用防火墙技术、入侵检测技术等手段来提高网络的安全性。

二、加强教师和学生的信息化伦理与道德教育

在信息化时代，高校英语教学不仅面临着传授语言知识的任务，更肩负着培养学生信息化伦理与道德意识的重任。教师是教学活动的主导者，学生是教学活动的主体，因此加强教师和学生的信息化伦理与道德教育至关重要。

（一）在教师培训中加入信息化伦理与道德教育内容

高校应充分认识到教师在信息化伦理与道德教育中的关键作用，将相关内容纳入教师职业发展和继续教育的课程体系中，定期组织教师进行培训和学习。

1. 完善教师培训体系

高校应建立完善的教师培训体系，将信息化伦理与道德教育作为教师培训的必修内容。培训内容可以包括知识产权法律法规、隐私保护原则、信息安全知识等，以帮助教师提高信息化素养和伦理道德意识。同时，高校还可以邀请行业专家或法律顾问进行讲座或案例分析，让教师了解最新的信息化伦理与道德动态和实践经验。

2. 强化教师的信息化伦理与道德意识

通过培训和学习，教师应深刻认识到自身在信息化伦理与道德教育中的责任和使命。他们不仅要具备扎实的专业知识，还要具备良好的信息化素养和伦理道德意识。在教学过程中，教师应自觉遵守相关法律法规和伦理道德规范，为学生树立榜样。

3. 提升教师的信息化教学能力

在信息化时代，教师应具备运用现代信息技术手段进行教学的能力。高校可以组织教师进行信息技术培训，提高他们的信息素养和教学技能。同时，鼓励教师将信息技术与英语教学深度融合，创新教学模式和方法，提高教学效果。

（二）在课堂教学中融入信息化伦理与道德教育

课堂教学是高校英语教学的主要阵地，也是实施信息化伦理与道德教育的重要途径。教师可以在课堂教学中融入相关内容，引导学生树立正确的价值观和行为准则。

1. 整合课程内容与信息化伦理道德教育

在英语课程设计中，教师应有意识地整合信息化伦理与道德教育的内容。例如，在英语写作课程中，强调原创性和避免抄袭的重要性；在网络英语课程中，讲解网络安全和隐私保护的原则和方法。通过将这些内容与英语知识相结合，使学生在学习英语的同时，也接受到信息化伦理与道德的教育。

2. 采用多样化的教学方法和手段

为了激发学生的学习兴趣和积极性，教师可以采用多样化的教学方法和手段。例如，利用多媒体课件、网络教学资源等现代信息技术手段辅助教学；组织小组讨论、角色扮演等互动活动；引入相关案例进行分析和讨论等。这些方法和手段可以使学生更加深入地理解信息化伦理与道德的内涵和要求。

3. 培养学生的批判性思维和道德判断能力

在课堂教学中，教师应注重培养学生的批判性思维和道德判断能力。通过引导学生对信息化伦理与道德问题进行深入思考和讨论，帮助他们形成正确的价值观和行为准则。同时，教师还可以结合具体的教学案例或情境模拟，让学生参与分析和决策过程，培养他们的实践能力和解决问题的能力。

（三）开展丰富多样的信息化伦理与道德教育活动

除了课堂教学外，高校还可以通过开展丰富多样的教育活动来加强信息化伦理与道德教育。这些活动可以为学生提供更多的实践机会和展示平台，促进他们全面发展。

1. 举办主题演讲比赛或辩论赛

高校可以定期举办以信息化伦理与道德为主题的演讲比赛或辩论赛。通过这些活动，学生可以展示自己的才华和观点，同时也可以接受到其他同学和老师的点评和建议。这种互动和交流的过程有助于加深学生对信息化伦理与道德问题的认识和理解。

2. 开展知识竞赛或技能比赛

为了激发学生的学习兴趣和积极性，高校还可以开展以信息化伦理与道德为主题的知识竞赛或技能比赛。这些比赛可以包括法律法规知识问答、案例分析比赛、信息安全技能挑战等。通过参与这些比赛，学生可以检验自己的学习成果并提升自己的实践能力。

3. 利用新媒体平台进行宣传和教育

高校可以利用校园网站、微信公众号等新媒体平台进行信息化伦理与道德的宣传和教育。通过发布相关的文章、视频、案例等素材，供学生自主学习和交流。同时，高校还可以邀请行业专家或优秀校友进行线上讲座或访谈，分享他们的经验和见解。这些新媒体平台可以为学生提供更加便捷和灵活的学习方式。

4. 开展实践活动或志愿服务项目

为了让学生更加深入地了解信息化伦理与道德的实际应用和价值，高校可以开展实践活动或志愿服务项目。例如，组织学生参与网络安全宣传周活动、为社区提供信息安全培训服务等。通过参与这些实践活动或志愿服务项目，学生可以亲身体验到信息化伦理与道德的重要性，并提升自己的社会责任感和公民意识。

三、构建健康和谐的网络教学环境

随着信息技术的飞速发展,网络环境已成为高校英语教学的重要组成部分。网络不仅为学生提供了丰富的学习资源,还为教师创新教学手段提供了广阔的平台。然而,网络环境的复杂性也给高校英语教学带来了一定的挑战。因此,构建健康和谐的网络教学环境,对于提高教学质量、促进学生全面发展具有重要意义。

（一）加强校园网络的监管和管理力度

高校应充分认识到校园网络在教学和管理中的重要作用,要加强对它的监管和管理力度,确保网络环境的安全、稳定、有序。

1. 建立完善的网络安全管理制度

高校应根据国家相关法律法规和实际情况,制订完善的网络安全管理制度。这些制度应包括网络安全责任制度、网络信息安全保密制度、网络运行维护制度等,明确各部门和人员的职责与权限,规范网络行为与管理流程。同时,高校还应定期对网络安全管理制度进行修订和完善,以适应信息技术的发展和变化。

2. 采取有效的技术防范措施

为了防止网络攻击和数据泄露等安全问题的发生,高校应采取一系列有效的技术防范措施。这包括安装防火墙、杀毒软件等网络安全设备,对校园网络进行实时监控和检测;定期对系统进行漏洞扫描和修补,确保系统的安全性和稳定性;建立数据备份和恢复机制,防止数据丢失或损坏等。通过这些技术措施的实施,可以大大提高校园网络的安全性和防护能力。

3. 加强对网络平台的监控和管理

校园网站、论坛、博客等网络平台是高校信息传播和交流的重要渠道,也是网络环境监管的重点。高校应加强对这些网络平台的监控和管理力度,及时发现和处理不良信息或违规行为。具体来说,可以采取人工巡检和技术手段相结合的方式,对网络平台进行实时监控和过滤;对于发现的不良信息或违规行为,应立即予以删除或封禁,并依法依规对相关责任人进行处理。

4. 加强网络安全教育和培训

提高师生的网络安全意识和技能是构建健康和谐网络教学环境的重要保障。高校应定期开展网络安全教育和培训活动，向师生宣传网络安全知识和法律法规，提高他们的网络安全意识和防范能力。同时，还可以结合实际案例进行警示教育，让师生深刻认识到网络安全的重要性和必要性。

（二）建立网络教学行为的评价和反馈机制

为了提高网络教学的质量和效果，高校应建立科学有效的网络教学行为评价和反馈机制。

1. 建立完善的评价指标体系

高校应根据网络教学的特点和要求，建立完善的评价指标体系。这些指标应包括教学内容、教学方法、教学效果、师生互动等方面，全面客观地反映教师的网络教学行为和学生的学习效果。同时，评价指标体系还应具有可操作性和可量化性，便于进行评价和比较。

2. 采取多样化的评价方法

为了更加全面准确地评价网络教学行为，高校应采取多样化的评价方法。这包括学生评价、同行评价、专家评价等多种方式相结合的方法。学生评价可以了解学生对网络课程的满意度和学习效果；同行评价可以促进教师之间的相互学习和交流；专家评价则可以为教师提供专业的指导和建议。通过对这些评价方法的综合应用，可以获得更加全面客观的评价结果。

3. 及时反馈评价结果并督促改进

评价结果的及时反馈和督促改进是网络教学行为评价和反馈机制的重要环节。高校应及时向教师和学生反馈评价结果，让他们了解自己的优点和不足之处；同时还应督促他们根据评价结果进行改进和提高。对于评价结果不佳的教师或课程，高校可以采取相应的措施进行整改或优化，以提高网络教学的质量和效果。

4. 激励与约束机制相结合

为了激励教师积极参与网络教学并不断提高自己的教学水平，高校可以采取一定的激励措施。这包括设置网络教学优秀奖、将网络教学成果纳入职称晋升等考核体系中等方式。同时还应建立相应的约束机制，对于违反教学规定或造成不良影响的行为进行严肃处理。通过这种激励与约束机制相结合的方式，高校可以引导教师树立正确的网络教学理念并自觉遵守相关规定和要求。

（三）倡导积极、健康、向上的网络文化氛围

网络文化是高校校园文化的重要组成部分，对于构建和谐的网络教学环境具有重要意义。高校应倡导积极、健康、向上的网络文化氛围，引导学生正确使用网络资源、理性表达观点意见。

1. 加强网络文明宣传教育活动

高校应通过多种形式加强网络文明宣传教育活动，提高师生对网络文明的认识和重视程度。这可以通过开展主题班会、讲座、演讲比赛等方式实现。同时还应充分利用校园网站、微信公众号等新媒体平台进行广泛宣传和推广优秀网络文化作品，引导师生树立正确的网络价值观和道德观。

2. 推广优秀网络文化作品和先进个人

为了营造积极向上的网络文化氛围，高校应积极推广优秀网络文化作品和先进个人。这可以通过举办网络文化节、设立网络文化奖项等方式实现。通过评选和表彰优秀网络文化作品和先进个人，可以激励师生创作更多高质量的网络文化作品并自觉践行网络道德规范。

3. 加强网络舆论的引导和管理力度

网络舆论是高校网络环境中的重要组成部分，对营造良好的网络文化氛围具有重要作用。高校应加强对网络舆论的引导和管理力度，防止不良信息的传播和扩散。具体来说可以通过采取建立网络舆情监测机制、完善网络舆情应对预案等方式实现对网络舆论的有效引导和管理。

4. 建立多方联动的协同机制

构建健康和谐的网络教学环境需要多方共同努力和协作配合。高校应建立多方联动的协同机制，形成齐抓共管的良好局面。这包括加强与政府部门、行业协会等机构的沟通协作；积极引入社会资源和技术支持等方式共同推动校园网络环境的改善和优化工作。

第四章　信息化背景下高校英语教学模式的创新

第一节　高校英语混合式教学模式的探索与实践

一、混合式教学模式的概念与特点

（一）定义混合式教学模式

混合式教学模式，又称混合式教学（Blended Learning），是指将传统的面对面课堂教学与数字化或网络化的在线学习相结合的一种教学方式。在这种模式下，教师利用课堂时间和在线平台，将部分教学内容通过在线方式进行传授，而课堂时间则更多地用于深入的讨论、实践活动和问题解决等互动环节。混合式教学模式旨在充分利用信息技术和互联网资源，打破时间和空间的限制，提高教学效果和学习体验。

（二）结合线上与线下教学的优势

混合式教学模式结合了线上和线下教学的优势，具有以下几个方面的特点。

（1）灵活性：混合式教学允许学生根据自己的时间和节奏进行在线学习，同时保留课堂互动的机会，为具具有不同学习风格和能力的学生提供了更大的灵活性。

（2）资源整合：通过在线平台，教师可以整合丰富多样的教学资源，包括视频、音频、文本、图像等，为学生提供更加生动、直观的学习材料。

（3）个性化学习：在线学习系统可以根据学生的学习进度和反馈提供个性化的学习路径和建议，有助于学生更好地掌握知识和技能。

（4）互动与合作：课堂时间的重新分配使得师生之间、学生之间有更多的机会进行深入的讨论和合作，促进知识的理解和应用。

（三）强调学生主体性和教师主导性的平衡

在混合式教学模式中，学生的主体性得到充分体现。他们可以根据自己的需求和兴趣选择学习内容和方式，积极参与在线讨论和课堂互动。同时，教师的主导作用也不可忽视。教师需要设计合理的教学计划和学习活动，引导学生进行有效的学习，提供及时的反馈和指导。混合式教学模式强调学生主体性和教师主导性的平衡，以实现最佳的教学效果。

二、混合式教学模式的实践案例

（一）几所高校在英语教学中实施混合式模式的实例

随着混合式教学模式的兴起，越来越多的高校开始在英语教学中尝试这种模式。以下是几个典型的实践案例。

A 大学在英语课程中引入了在线学习平台，学生可以在平台上观看讲解视频、完成练习题和参与在线讨论。课堂时间则主要用于角色扮演、小组讨论和口语练习等互动活动。这种模式有效提高了学生的英语听说能力和自主学习能力。

B 大学采用"翻转课堂"的形式进行英语教学。学生在课前通过在线平台预习相关知识和观看讲解视频，课堂上则在教师的引导下进行深入讨论和实践应用。这种模式增强了学生的课堂参与度和批判性思维能力。

C 大学在英语写作课程中实施了混合式教学模式。学生通过在线平台提交作文并获得教师的批改和反馈，课堂时间则用于讲解写作技巧、分析优秀范文和开展同伴评议等活动。这种模式提升了学生的写作能力和修改意识。

（二）这些实践案例中的成功要素和面临的挑战

从这些实践案例中，我们可以总结出混合式教学模式成功的几个要素。

（1）明确的教学目标和学习任务：教师需要清晰地阐述教学目标和学习任务，确保学生的在线学习和课堂互动都能围绕这些目标展开。

（2）优质的教学资源和技术支持：高校需要给在线平台提供丰富多样的教学资源和技术支持，以满足学生的学习需求和教师的教学要求。

（3）有效的课堂管理和互动策略：教师需要具备良好的课堂管理能力和互动策略，以激发学生的学习兴趣和积极性，促进有效的课堂互动。

然而，在实践中，混合式教学模式也面临一些挑战。

（1）学生自律性和自主学习能力的差异：部分学生可能缺乏自律性和自主学习能力，导致在线学习效果不佳。

（2）技术障碍和资源限制：部分地区和学校可能面临技术障碍和资源限制，难以实施高质量的在线教学。

（3）教师角色和技能的转变：混合式教学模式要求教师转变角色和技能，从传统的知识传授者转变为学习引导者和促进者。这需要教师进行持续的学习和培训。

（三）如何根据学科特点和学生需求调整混合式教学模式

在实施混合式教学模式时，高校应根据学科特点和学生需求进行灵活调整。对于英语课程而言，可以考虑以下几个方面。

（1）课程内容的选择和组织：根据英语课程的性质和目标，选择适合在线学习和课堂互动的内容进行组织。例如，基础知识讲解、语法练习等可以通过在线平台进行传授；而口语练习、角色扮演等则需要更多的课堂互动时间。

（2）学习活动的设计和实施：设计多样化的学习活动，以满足不同学习风格和能力的学生需求。例如，在线讨论、小组合作、角色扮演等都可以作为课堂互动的有效形式。同时，还可以利用在线平台进行个性化的辅导和反馈。

（3）评价方式的改革和创新：传统的期末考试评价方式可能无法全面反映学生的英语能力。因此，高校可以考虑采用形成性评价、同伴评议等多元化评价方式，以更加全面、客观地评价学生的学习成果。

三、混合式教学模式的效果评估与改进

（一）评估混合式教学模式对学生学习成效的影响

混合式教学模式结合了传统课堂与在线学习的优势，旨在提高学生的学习成效。为了全面评估该模式对学生学习成效的影响，高校应采用定量和定性相结合的方法进行评估。

1．定量评估

定量评估主要通过收集客观的、可量化的数据来衡量学生的学习效果。以下是一些常用的定量评估指标。

（1）考试成绩：通过对比学生在混合式教学模式下的考试成绩与传统教学模式下的成绩，教师可以直观地了解学生的学习效果是否有所提升。同时，还可以分析不同题型、知识点的得分情况，以评估学生在各个方面的掌握情况。

（2）学习时长：通过记录学生在在线学习平台上的学习时长，教师可以了解学生的学习投入情况。结合学生的学习成绩，可以分析学习时长与学习效果之间的关系，为优化在线学习资源提供参考。

（3）完成率与参与度：通过统计学生在在线学习平台上的任务完成率、讨论区参与度等指标，教师可以了解学生的学习积极性与参与度。这些指标可以反映学生对混合式教学模式的接受程度以及在线学习资源的吸引力。

2．定性评估

定性评估主要通过收集学生的主观感受和建议来评估混合式教学模式的效果。以下是一些常用的定性评估方法。

（1）问卷调查：设计针对混合式教学模式的问卷调查，收集学生对该模式的满意度、易用性、有用性等方面的评价。通过统计分析问卷结果，可以了解学生对混合式教学模式的整体看法以及存在的问题。

（2）访谈：选取部分学生进行深入访谈，了解他们对混合式教学模式的具体感受和建议。通过访谈，教师可以更加深入地了解学生的学习需求、学习困难以及对混合式教学模式的期望。

（3）课堂观察：通过观察学生在课堂上的表现、互动情况以及学习氛围等方面，教师可以了解混合式教学模式对课堂教学的影响。同时，高校还可以观察教师对混合式教学模式的适应情况以及教学策略的运用效果。

综合定量和定性评估结果，高校可以更加全面、客观地了解混合式教学模式对学生学习成效的影响。这些评估结果将为改进混合式教学模式提供有力的依据。

（二）收集教师和学生的反馈，识别存在的问题

在混合式教学模式的实施过程中，收集教师和学生的反馈是至关重要的一环。通过反馈，可以及时发现存在的问题和不足之处，为改进教学模式提供有针对性的建议。

1. 教师反馈的收集与分析

教师是混合式教学模式的实施者之一，他们的反馈对于改进教学模式具有重要意义。高校可以通过以下方式收集教师的反馈。

（1）教学反思：鼓励教师在每次课后进行教学反思，总结教学过程中的成功经验和不足之处。这些反思可以为改进教学模式提供有益的参考。

（2）同行评议：组织教师进行同行评议，相互观摩课堂、交流教学经验。通过同行评议，教师可以发现自己在混合式教学模式中存在的问题，并从其他教师那里获得改进的建议。

（3）座谈会与研讨会：定期举办座谈会或研讨会，邀请教师分享混合式教学模式的实践经验和心得体会。通过集体讨论和交流，可以汇聚教师的智慧和力量，共同解决教学中遇到的问题。

分析教师的反馈时，应关注以下几个方面。教师对混合式教学模式的接受程度、教师在实施过程中遇到的困难和挑战、教师对改进教学模式的建议和期望等。针对这些问题，高校可以提出相应的改进措施和优化建议。

2. 学生反馈的收集与分析

学生是混合式教学模式的直接受益者，他们的反馈对于评估和改进教学模式同样重要。高校可以通过以下方式收集学生的反馈。

（1）在线调查：利用在线调查工具收集学生对混合式教学模式的看法和建议。在线调查可以覆盖更多的学生群体，收集到更加全面、客观的数据。

（2）座谈会与访谈：组织部分学生参加座谈会或进行个别访谈，深入了解他们对混合式教学模式的感受和建议。通过面对面的交流，可以更加深入地了解学生的需求和期望。

（3）学习日志：鼓励学生撰写学习日志，记录他们在混合式学习过程中的心得体会和遇到的问题。通过学习日志，高校可以了解学生的学习过程和学习

效果，为改进教学模式提供有益的参考。

分析学生的反馈时，应关注以下几个方面。学生对混合式教学模式的适应情况、学生在学习过程中遇到的困难和挑战、学生对改进教学模式的建议和期望等。针对这些问题，高校可以提出相应的改进措施和优化建议。

（三）提出改进策略和优化建议

根据评估结果和反馈意见，高校可以提出针对性的改进策略和优化建议，以完善混合式教学模式，提高英语教学质量和学习效果。

1. 加强在线学习的监督和管理

针对部分学生自律性不足的问题，高校可以加强在线学习的监督和管理。例如，设置学习进度提醒、定期发布学习任务、建立在线学习小组讨论等机制，以督促学生按时完成学习任务并积极参与在线互动。同时，还可以引入家长监督机制，让家长了解孩子的学习情况并共同参与监督和管理。

2. 寻求外部合作和资源共享

针对技术障碍和资源限制的问题，高校可以积极寻求外部合作和资源共享。例如，与其他高校或教育机构建立合作关系，共享优质的教学资源和在线学习平台；与信息技术企业合作，引入先进的教学技术和工具，提升混合式教学模式的技术水平。通过这些合作和共享，可以打破资源限制和技术壁垒，为混合式教学模式的实施提供有力支持。

3. 提供教师培训和支持

混合式教学模式对教师的角色和技能提出了新的要求。为了帮助教师适应这一转变并提高教学效果，高校应提供相应的教师培训和支持。例如，组织定期的混合式教学模式研讨会或工作坊，让教师了解最新的教学理念和实践经验；提供针对性的教学技能培训，如在线课程设计、学生互动策略等；建立教师互助成长机制，鼓励教师之间分享经验、互相学习。通过这些措施，可以提升教师的专业素养和教学能力，为混合式教学模式的实施提供有力保障。

第二节　翻转课堂在高校英语教学中的应用

一、翻转课堂的基本理念与操作流程

（一）翻转课堂的概念及其与传统课堂的区别

翻转课堂（Flipped Classroom）是一种创新的教学模式，它将传统课堂中的知识传授与内化过程进行了颠倒。在传统课堂中，教师通常在课堂上讲解新知识，学生在课后通过作业和复习来巩固和内化这些知识。而在翻转课堂中，学生在课前通过观看视频、阅读资料等方式自主学习新知识，课堂时间则主要用于师生之间的互动讨论、问题解决和实践应用等活动，以深化理解和内化知识。

翻转课堂与传统课堂的主要区别在于教学流程的颠倒和课堂时间的重新分配。传统课堂以教师为中心，注重知识的单向传授；而翻转课堂以学生为中心，注重学生的自主学习和师生互动。这种转变使得课堂时间得以更加高效地利用，同时也培养了学生的自主学习能力和批判性思维。

（二）翻转课堂的操作流程和关键环节

翻转课堂的操作流程主要包括课前准备、课堂互动和课后反馈三个阶段。课前准备阶段，教师需要制作和发布教学视频、学习指南等学习资源，并布置相应的预习任务。学生则需要在课前观看视频、阅读资料，完成预习作业，并记录下自己的疑问和困惑。

课堂互动阶段，教师需要组织多样化的教学活动，如小组讨论、角色扮演、问题解决等，以引导学生深入理解和应用所学知识。同时，教师还需要根据学生的预习情况和课堂表现给予及时的反馈和指导。学生则需要积极参与课堂互动，与同伴和教师共同探讨问题、分享经验，并将所学知识应用到实际情境中。

课后反馈阶段，教师需要总结课堂情况，评估学生的学习效果，并收集学生的反馈意见以改进教学。学生则需要完成课后作业和复习任务，巩固和内化所学知识，并为下一节课的预习做好准备。

（三）课前准备与课堂互动的重要性

课前准备和课堂互动是翻转课堂成功的关键。课前准备阶段的学习资源质量和预习任务设计直接影响着学生的自主学习效果和课堂互动的基础。如果学习资源质量不高或预习任务设计不合理，学生可能无法充分理解新知识，进而影响课堂互动的效果。

课堂互动阶段的教学活动组织和师生互动质量则决定着知识内化的深度和广度。如果教学活动单一乏味或师生互动不足，学生可能无法深入理解和应用所学知识，导致翻转课堂的效果大打折扣。

因此，教师在实施翻转课堂时需要特别关注课前准备和课堂互动两个环节，精心设计学习资源、预习任务和教学活动，积极营造师生互动的良好氛围，以确保翻转课堂的成功实施。

二、翻转课堂在英语教学中的具体应用

（一）在英语课程中实施翻转课堂的实例

翻转课堂作为一种创新的教学模式，在英语教学中具有广泛的应用前景。通过颠倒传统课堂的教学顺序，翻转课堂让学生在课前通过自主学习掌握基础知识，而在课堂上则通过师生互动、讨论和实践来深化理解和应用英语知识。以下是在英语课程中实施翻转课堂的几个实例。

1. 语法和词汇教学的翻转课堂应用

在传统英语课堂中，语法和词汇教学往往占据大量时间，但效果却不尽如人意。通过翻转课堂模式，教师可以制作关于语法规则和词汇用法的讲解视频，并配以相应的练习题供学生在课前自主学习。这样，学生可以在课前掌握基本的语法和词汇知识，为课堂上的口语练习和写作任务打下坚实基础。同时，教师还可以在课堂上针对学生自主学习中遇到的问题进行重点讲解和辅导，以提高教学效率和学生的学习效果。

2. 阅读教学的翻转课堂应用

阅读教学是英语教学的重要组成部分，但传统的阅读课堂往往存在时间紧、任务重的问题。通过翻转课堂模式，教师可以利用在线平台发布阅读材料和相

关背景知识供学生自主学习。在课堂上，教师可以重点讲解阅读技巧、分析文本结构，并引导学生进行深入讨论和思考。这样不仅可以提高学生的阅读理解能力，还能培养他们的批判性思维和跨文化交际能力。

3. 听力教学的翻转课堂应用

听力是英语学习中不可或缺的一项技能，但传统的听力课堂往往受到时间和设备的限制。通过翻转课堂模式，教师可以制作听力材料和相关练习题供学生在课前自主学习。在课堂上，教师可以重点讲解听力技巧、分析听力材料中的难点和重点，并组织学生进行模拟对话和角色扮演等活动来提高他们的听说能力。

4. 写作教学的翻转课堂应用

写作是英语学习中较为复杂和抽象的一项技能，需要学生具备扎实的语言基础和良好的逻辑思维能力。通过翻转课堂模式，教师可以发布写作任务和相关范文供学生自主学习和模仿。在课堂上，教师可以重点讲解写作技巧、分析范文中的优点和不足，并组织学生进行同伴评议和修改等活动来提高他们的写作能力。

（二）翻转课堂在提升学生英语应用能力方面的作用

翻转课堂在提升学生英语应用能力方面具有显著作用，主要体现在以下几个方面。

1. 提高学生的自主学习能力

翻转课堂模式要求学生在课前通过自主学习掌握基础知识，这有助于培养他们的自主学习能力和自律性。通过自主学习，学生可以更加深入地理解和掌握英语知识，为课堂上的互动讨论和实践应用打下坚实基础。同时，自主学习还能够激发学生的学习兴趣和动力，使他们更加积极地参与到英语学习中来。

2. 增强学生的听说能力和语言应用能力

翻转课堂中的口语练习、角色扮演等互动活动能够有效提高学生的听说能力和语言应用能力。通过模拟真实场景中的对话和交流，学生可以更加自然地运用英语进行表达和交流，提高他们的语言流畅度和准确性。同时，这些互动活动还能够培养学生的跨文化交际能力和团队合作精神，使他们在未来的学习和工作中更加具备竞争力。

3. 培养学生的批判性思维和创新能力

翻转课堂中的小组合作、同伴评议等活动有助于培养学生的批判性思维和创新能力。通过互相讨论、评价和修改同伴的作品，学生可以更加全面地了解问题的多个方面，提高他们的分析问题和解决问题的能力。同时，这些活动还能够激发学生的创新意识和创造性思维，使他们在英语学习中不断探索新的思路和方法。

（三）翻转课堂环境下教师的角色转变

在翻转课堂环境下，教师的角色发生了显著转变，主要体现在以下几个方面。

1. 从知识的传授者转变为学习的引导者和促进者

在翻转课堂模式下，教师不再仅仅是知识的传授者，而是成为学生学习的引导者和促进者。他们需要精心设计学习资源和预习任务以引导学生自主学习；在课堂互动阶段，则需要组织多样化的教学活动并积极参与其中以促进师生互动；在课后反馈阶段，还需要评估学生的学习效果并收集反馈意见以改进教学。这种角色转变要求教师更加关注学生的主体地位和需求，以更加灵活和多样化的方式来引导和支持学生的学习过程。

2. 从单一的教学者转变为多元化的教学者

翻转课堂模式要求教师具备更加多元化的教学能力和素质。除了传统的讲授能力外，他们还需要具备良好的组织能力、沟通能力、创新能力和信息技术应用能力等。例如，在制作讲解视频时，教师需要掌握视频录制和编辑技术；在组织课堂互动时，则需要具备良好的组织能力和沟通能力；在收集和分析学生反馈时，则需要具备一定的数据处理和分析能力等。这些多元化的教学能力和素质将有助于教师更好地适应翻转课堂环境下的教学需求。

3. 从独立的教学者转变为合作的教学者

在翻转课堂模式下，教师需要与其他教师、学生以及家长等各方进行更加紧密的合作和沟通。例如，在制作学习资源时，教师可以与其他教师合作，共同开发优质的教学资源；在课堂互动时，则需要与学生进行密切的互动和合作以促进他们的学习；在课后反馈时，则需要与家长进行沟通以了解学生在家中的学习情况并给予相应的指导。这种合作的教学方式将有助于教师更好地了解学生的学习需求和困难，并为他们提供更加全面和个性化的教学支持。同时，合作还能够促进教师之间的经验交流和资源共享，提高他们的教学水平和专业素养。

三、翻转课堂的挑战与对策

（一）实施翻转课堂过程中可能遇到的挑战

翻转课堂作为一种创新的教学模式，旨在通过颠倒传统课堂的教学顺序，让学生在课前通过自主学习掌握基础知识，而在课堂上则通过师生互动、讨论和实践来深化理解和应用知识。尽管翻转课堂具有诸多潜在的优势和益处，但在实际实施过程中，也可能遇到一些挑战和困难。

1. 学生自律性和自主学习能力的差异

翻转课堂的成功实施在很大程度上依赖于学生的课前自主学习。然而，不同学生的自律性和自主学习能力存在显著差异。部分学生可能缺乏自律性，无法按时完成预习任务，或者虽然完成了任务但效果不佳。此外，一些学生可能习惯于传统的教学方式，对翻转课堂中的自主学习感到迷茫或无所适从。

2. 技术障碍和资源限制

翻转课堂往往需要借助信息技术和网络资源来支持学生的课前自主学习。然而，在一些地区和学校，可能面临网络不稳定、设备不足等技术障碍和资源限制的问题。这些问题可能导致学生无法顺畅地访问学习资源，或者在学习过程中遇到技术困难，从而影响翻转课堂的实施效果。

3. 教师对翻转课堂理念和操作流程的理解及掌握程度

翻转课堂不仅是一种教学模式的转变，更是一种教学理念的更新。部分教师可能对翻转课堂的理念和操作流程理解不够深入，或者缺乏相关的教学经验和技能支持。这可能导致他们在实施翻转课堂时感到力不从心，无法达到预期的教学目标。

（二）克服这些挑战的策略和方法

为了克服上述挑战并成功实施翻转课堂，教师可以采取以下策略和方法。

1. 加强学生的自律性和自主学习能力培养

教师可以通过制订明确的预习任务要求、提供丰富的学习资源和激励措施等方式来引导学生积极参与课前自主学习。例如，教师可以设定具体的预习目标，要求学生提交预习报告或完成在线测试，以检验他们的自主学习成果。同时，教师还可以提供多样化的学习资源，如视频讲座、在线课程、互动游戏等，以激发学生的学习兴趣和动力。此外，教师还可以通过课堂表彰、积分奖励等方式激励学生积极参与翻转课堂的学习活动。

2. 寻求外部合作和资源共享以解决技术障碍和资源限制的问题

学校可以积极寻求与政府部门、企业或其他学校的合作，共同建设和完善信息技术基础设施和网络资源平台。例如，学校可以与当地电信运营商合作，提升校园网络的稳定性和覆盖范围；或者与教育资源开发企业合作，引进优质的教学资源和工具软件。此外，学校之间也可以建立资源共享机制，互相交换和共享教学资源和经验，以弥补各自的不足和局限。

3. 加强教师的培训和支持以提高他们对翻转课堂理念和操作流程的理解和掌握程度

学校可以组织相关的培训活动，邀请专家或经验丰富的教师进行翻转课堂理念和操作流程的讲解和示范。同时，学校还可以提供必要的技术支持和教学资源，帮助教师解决在实施翻转课堂过程中遇到的技术问题和资源需求。此外，学校还可以建立教师互助成长机制，鼓励教师之间互相交流、学习和分享翻转课堂的教学经验和成果。

（三）成功实施翻转课堂的经验和教训

在成功实施翻转课堂的过程中,许多学校和教师积累了丰富的经验和教训。以下是一些值得借鉴和反思的经验和教训。

1. 精心设计和准备学习资源、预习任务和教学活动

教师需要充分准备并精心设计学习资源、预习任务和教学活动，以确保翻转课堂的成功实施。学习资源应该具有针对性、趣味性和互动性，能够激发学

生的学习兴趣和动力；预习任务应该明确具体、难易适中，能够引导学生逐步掌握基础知识；教学活动应该多样化、灵活变通，能够促进学生的深度学习和互动交流。

2. 积极营造师生互动的良好氛围并关注学生的个体差异和需求

在翻转课堂中，师生互动是提升教学效果的关键环节之一。教师需要积极营造师生互动的良好氛围，鼓励学生提出问题、发表观点、参与讨论和实践操作。同时，教师还需要关注学生的个体差异和需求，针对不同学生的特点和困难提供个性化的指导和帮助。

3. 及时收集学生的反馈意见以改进教学并不断完善翻转课堂的实施策略和方法

在实施翻转课堂的过程中，教师需要及时收集学生的反馈意见，了解他们对学习资源、预习任务和教学活动的看法和建议。这些反馈意见可以为教师提供宝贵的参考信息，帮助他们不断改进教学方法和完善翻转课堂的实施策略。同时，教师还需要保持开放的心态和创新的意识，不断探索和尝试新的教学模式和方法，以适应不断变化的教育环境和学生需求。

然而，在实施翻转课堂时也有一些教训需要吸取。例如，部分教师可能过于依赖技术手段而忽视了传统教学方法的价值，或者过于追求形式上的创新而忽视了实质上的教学效果等。因此，在实施翻转课堂时需要保持理性思考并注重实际效果和效益的评估与提升。教师需要根据实际情况灵活调整教学策略和方法，确保翻转课堂能够真正提升学生的学习效果和综合素质。

第三节　高校英语在线开放课程的建设与发展

一、在线开放课程的兴起与特点

（一）在线开放课程的发展历程

在线开放课程，又称慕课，是近年来教育领域的一大创新。它起源于21世纪初，随着互联网技术的飞速发展和普及，逐渐在全球范围内兴起。从最初的简单在线视频教学，到如今的互动性强、参与度高的在线学习平台，在线开放课程经历了不断的演变和升级。如今，许多知名高校和企业都纷纷加入在线开放课程的建设行列，为全球学习者提供了前所未有的学习机会和资源。

（二）在线开放课程的主要特点和优势

在线开放课程的主要特点包括开放性、大规模、在线性和自主性。开放性意味着课程对所有感兴趣的学习者开放，无论其背景、地域或时间限制；大规模则体现在课程参与者的数量上，动辄成千上万的学习者同时参与一门课程的学习；在线性使得学习者可以随时随地通过互联网进行学习；自主性则强调学习者在课程中的主体地位，可以根据自己的兴趣和需求选择学习内容和学习进度。

在线开放课程的优势在于打破传统教育的时空限制，让优质教育资源得以在全球范围内共享。同时，它还为学习者提供了个性化的学习体验，使学习更加灵活多样。此外，通过在线开放课程的学习，学习者还可以与来自世界各地的同学进行交流和互动，拓宽视野，增进跨文化理解。

（三）在线开放课程对高等教育国际化的推动作用

在线开放课程对高等教育国际化起到了积极的推动作用。首先，它促进了国际间教育资源的流动和共享，使得不同国家和地区的教育机构能够相互借鉴和学习。其次，通过在线开放课程的学习，学生可以接触到多元化的文化观念和价值体系，培养国际视野和跨文化交际能力。最后，在线开放课程还为国际间的学术交流和合作提供了便利条件，推动了全球范围内教育创新和进步。

二、在线开放课程在英语教学中的作用

（一）在线开放课程如何丰富英语教学资源

随着信息技术的飞速发展，在线开放课程作为一种新兴的教育模式，为英语教学带来了前所未有的资源丰富性。具体而言，它在以下几个方面显著地丰富了英语教学资源。

1. 多样化的课程内容来源

传统的英语教学往往受限于教材、教师和学校的教学资源。然而，在线开

放课程打破了这一局限，汇聚了来自世界各地的优质英语课程资源。学习者可以轻松接触到知名大学的英语课程、专业英语教师的讲解视频，以及丰富的英语学习材料。这些资源不仅内容广泛，而且更新迅速，能够及时反映英语学习的最新趋势和需求。

2. 多媒体的教学形式

在线开放课程充分利用了多媒体技术的优势，以图文、音频、视频等多种形式呈现教学内容。这种多媒体的教学形式不仅使英语学习更加生动有趣，还能够提高学习者的学习兴趣和积极性。例如，通过观看英语原声电影或听英语歌曲，学习者可以在轻松愉快的氛围中提升听力和口语能力。

3. 真实语境和文化背景知识的融入

语言学习离不开真实的语境和文化背景知识。在线开放课程为学习者提供了与课程内容相关的真实语境和文化背景知识，帮助学习者更好地理解和运用英语。通过学习者可以与来自不同文化背景的同学进行交流和分享，进一步提升自己的跨文化交际能力。这种真实的语境和文化背景的融入，使得英语学习更加贴近实际，提高了学习者的语言运用能力。

（二）在线开放课程在提升英语教学质量方面的潜力

在线开放课程以其独特的优势，在提升英语教学质量方面展现出巨大的潜力。以下是几个方面的具体阐述。

1. 个性化教学的实现

传统的英语教学往往采用"一刀切"的教学方式，难以满足不同学习者的个性化需求。然而，在线开放课程通过大数据分析技术，可以实时了解学习者的学习进度、难点和兴趣点，为学习者提供个性化的学习路径和推荐资源。这种个性化的教学方式能够更好地满足学习者的需求，提高教学效果和学习者的满意度。

2. 教学互动性的增强

在线开放课程通常配备有丰富的互动功能，如在线测试、实时反馈、线上讨论等。这些功能使得教学互动性大大增强，学习者可以随时随地与教师和同学进行交流和讨论。这种互动性的增强不仅能够激发学习者的学习积极性和创造力，还能够促进知识的深化和拓展。

3. 教学效率和效果的提升

在线开放课程通过多样化的教学工具和手段，如在线视频讲解、虚拟实验室、智能辅导等，使教学更加高效和便捷。学习者可以根据自己的时间和进度进行学习，不受时间和空间的限制。同时，通过在线测试和实时反馈等功能，学习者可以及时了解自己的学习情况并进行调整和改进。这种教学方式不仅提高了教学效率，还显著提升了教学效果和学习者的学习成果。

（三）在线开放课程如何促进教育公平和普及

在线开放课程在促进教育公平和普及方面发挥着重要作用。以下是几个方面的具体阐述。

1. 打破地域和经济壁垒

传统的英语教育往往受到地域和经济条件的限制，许多地区和学习者难以获得优质的教育资源和学习机会。然而，在线开放课程打破了这一壁垒，使得任何有意愿和能力的学习者都能获得优质的教育资源和学习机会。只要有互联网连接，学习者就可以随时随地参与在线开放课程的学习，不受地域和经济的限制。

2. 降低学习门槛和经济负担

在线开放课程通常采用免费或低成本的运营模式，大大降低了学习者的经济负担和学习门槛。这使得更多人有机会接受高等教育和专业技能培训，提升自身素质和社会竞争力。同时，通过在线开放课程的共享和传播，还可以促进教育资源的均衡分配和优化利用。

3. 推动全球教育事业的共同发展和进步

通过在线开放课程的共享和传播，可以促进不同国家和地区之间的教育交流和合作。学习者可以接触到来自世界各地的优质教育资源和文化理念，拓宽视野和知识面。同时，不同国家和地区的教育机构也可以相互借鉴和学习彼此的成功经验和实践成果，推动全球教育事业的共同发展和进步。这种跨文化的交流和合作有助于培养具有全球视野和跨文化交际能力的人才，为全球化时代的发展做出积极贡献。

三、在线开放课程的建设策略与发展趋势

（一）建设高质量在线开放课程的策略和建议

在线开放课程作为现代教育的重要组成部分，其质量直接关系到学习者的学习效果和满意度。为了建设高质量的在线开放课程，以下策略和建议值得参考。

1. 明确课程目标和定位

在建设在线开放课程之初，应明确课程的目标和定位。这包括确定课程针对的学习者群体、课程内容的深度和广度以及课程希望达到的教学效果等。通过明确课程目标和定位，可以确保课程内容与学习者需求相匹配，提高课程的针对性和实用性。

2. 组建优秀的教师团队和技术支持团队

教师团队和技术支持团队是在线开放课程建设的核心力量。优秀的教师团队应具备丰富的教学经验和专业知识，能够设计出高质量的课程内容和教学方法。同时，技术支持团队也应具备专业的技术能力和服务意识，确保课程的稳定运行和良好体验。通过组建优秀的团队，可以保证课程质量和教学效果。

3. 注重课程设计和教学方法的创新与改进

在线开放课程与传统课程相比具有更大的灵活性和多样性。因此，在课程设计和教学方法上应注重创新与改进。例如，可以采用多媒体、交互式、游戏化等教学手段，提升学习者的学习体验和效果。同时，也应关注学习者的学习需求和反馈，及时调整课程内容和教学方法，以满足学习者的个性化需求。

4. 建立完善的课程评估和质量监控体系

课程评估和质量监控是确保在线开放课程质量的重要手段。通过建立完善的评估体系，可以收集学习者的反馈意见和建议，了解课程的优势和不足。同时，质量监控体系可以确保课程的稳定运行和及时更新。通过评估和监控，可以及时发现并解决问题，持续改进课程质量。

（二）在线开放课程未来的发展趋势和创新方向

随着科技的不断进步和教育理念的不断更新，在线开放课程未来将迎来更多创新和发展机遇。以下是一些可能的发展趋势和创新方向。

1. 虚拟现实（VR）和增强现实（AR）技术的应用

VR 和 AR 技术可以为学习者提供更加沉浸式和交互式的学习体验。通过佩戴 VR 眼镜或 AR 设备，学习者可以身临其境地参与到课程中，与虚拟环境进行互动。这种学习方式不仅可以提高学习者的学习兴趣和积极性，还可以帮助学习者更好地理解和掌握复杂的概念和技能。

2. 人工智能（AI）技术的广泛应用

AI 技术将在课程推荐、学习分析、智能辅导等方面发挥更大作用。通过收集和分析学习者的学习数据和行为模式，AI 算法可以为学习者推荐更加合适的课程和学习资源。同时，AI 辅导系统可以为学习者提供个性化的学习指导和反馈，帮助学习者更好地掌握知识和技能。

3. 社交媒体和在线社区的深度融合

社交媒体和在线社区可以为学习者提供交流和合作的平台。通过将这些平台与在线开放课程深度融合，可以促进学习者之间的交流和互动，提高学习者的参与度和归属感。同时，学习者还可以在社区中分享自己的学习心得和成果，获得他人的认可和鼓励。

4. 跨界融合的创新方向

跨界融合是将不同领域的知识和技能进行有机结合，创造出更加丰富多样的课程内容和形式。例如，可以将教育与游戏、艺术与科技等领域相结合，设计出富有创意和趣味性的在线开放课程。这种创新方向不仅可以拓宽学习者的视野和知识面，还可以提高学习者的创新思维和解决问题的能力。

（三）强调持续更新和优化在线开放课程的重要性

持续更新和优化是在线开放课程保持活力和吸引力的关键所在。以下是一些强调其重要性的理由。

1. 适应知识更新和技术发展的需求

随着科技的快速发展和知识的不断更新，原有的在线开放课程可能逐渐过时或无法满足学习者的需求。因此，需要定期更新课程内容、教学方法和技术手段，以适应新的知识和技术发展。通过持续更新和优化，可以确保在线开放课程始终保持与时俱进的状态。

2. 提高课程的竞争力和吸引力

在激烈的在线教育市场竞争中，只有持续更新和优化的在线开放课程才能保持其竞争力和吸引力。通过不断改进课程内容和教学方法，可以提高课程的实用性和趣味性，吸引更多学习者的关注和参与。同时，及时更新和优化也可以增强学习者对课程的信任感和满意度。

3. 收集反馈并持续改进课程质量

学习者的反馈意见和建议是在线开放课程改进的重要依据。通过定期收集和分析学习者的反馈意见，可以了解课程的优势和不足，及时发现并解决问题。同时，根据学习者的需求和建议进行持续改进和优化，可以不断提升课程的质量和教学效果。这种持续改进的过程有助于形成良性循环，推动在线开放课程的不断完善和发展。

第四节　信息化背景下高校英语个性化教学模式的实现路径

一、个性化教学的理念与原则

（一）个性化教学的核心理念

个性化教学，作为现代教育改革的重要方向之一，其核心理念在于"以学生为中心"，强调教育应尊重并发展学生的个性和潜能。这一理念与传统的教学模式有着显著的区别，它不再将学生视为被动接受知识的容器，而是将学生视为具有独特个性和潜能的个体。

1. 以学生为中心的教育观

个性化教学强调学生在教学过程中的主体地位，认为教育应以学生为中心，围绕学生的需求和兴趣展开。这种教育观要求教师在教学过程中关注学生的个体差异、兴趣爱好和学习风格，根据学生的不同特点进行教学设计，使每个学生都能在适合自己的学习环境中得到发展。

2. 个性与潜能的发展

个性化教学注重发展学生的个性和潜能。它认为每个学生都有自己独特的天赋和潜能，教育应致力于发现学生的这些潜能，使每个学生都能在自己擅长的领域得到发展。这种教学模式不仅能够提高学生的学习兴趣和动力，还能够培养学生的创新精神和批判性思维。

为了实现个性化教学的核心理念，教师需要转变角色，从知识的传授者转变为学习的引导者和支持者。他们需要关注学生的学习兴趣和需求，了解学生的学习进度和困难，为学生提供及时的指导和帮助。同时，教师还需要创设良好的学习环境和学习氛围，激发学生的学习兴趣和积极性，促进学生的自主学习和合作学习。

（二）尊重学生个体差异和满足个性需求的重要性

每个学生都是独一无二的个体，他们有着不同的认知方式、学习风格和兴趣爱好。尊重学生个体差异和满足个性需求在个性化教学中具有至关重要的意义。这不仅关乎学生的学术成就，更关乎其未来的全面发展和社会适应能力。

1. 个体差异的认知与尊重

在传统的教学模式中，学生往往被视为被动接受知识的群体，其个体差异和需求往往被忽视。然而，每个学生都有其独特的认知方式、学习节奏和兴趣点。尊重学生个体差异意味着认同每个学生都有其独特的学习路径和发展轨迹。这种尊重不仅体现在学术上，更体现在对学生情感、社交和身体发展等多方面的关注上。

2. 满足个性需求的教学策略

为了满足学生的个性需求，教师需要采用多样化的教学策略。例如，通过分层教学、小组合作学习和项目式学习等方式，教师可以根据学生的不同特点和需求进行教学设计。这些教学策略不仅能够激发学生的学习兴趣和动力，还能够帮助学生更好地理解和掌握知识。同时，教师还需要关注学生的学习反馈，及时调整教学策略，以满足学生不断变化的学习需求。

3. 对学生全面发展的促进作用

尊重学生个体差异和满足个性需求不仅有助于提高学生的学术成就，更有助于促进学生的全面发展。当学生在自己感兴趣的领域进行学习时，他们会更愿意投入时间和精力，从而取得更好的学习效果。同时，这种教学模式还能够培养学生的自信心、创新精神和批判性思维等品质，为其未来的社会适应性和职业发展打下坚实的基础。

（三）个性化教学在提升学生学习动力和创造力方面的作用

个性化教学通过关注学生的兴趣、需求和特长，能够显著提升学生的学习动力和创造力。这种教学模式不仅有助于激发学生的学习兴趣和内在动力，还能够培养学生的创新思维和解决问题的能力。

1. 学习动力的提升

学习动力是学生学习的内在驱动力，它直接影响着学生的学习效果和学习成果。个性化教学通过关注学生的兴趣、需求和特长，能够激发学生的学习兴趣和内在动力。当学生在自己感兴趣的领域进行学习时，他们会更加投入和专注，从而取得更好的学习效果。同时，个性化教学还能够帮助学生建立正确的学习目标和价值观，使他们对学习产生更持久的动力和热情。

2. 创造力的培养

创造力是现代社会所需的重要能力之一，它对于个人的职业发展和社会的创新进步都具有重要意义。个性化教学通过鼓励学生自主探索、发现和解决问题，能够培养学生的创新思维和解决问题的能力。在这种教学模式下，学生不再是被动接受知识的容器，而是成为知识的探索者和创造者。他们需要主动地思考、尝试和创新，从而培养出独特的思维方式和创新能力。

3. 自信心和成就感的增强

个性化教学还能够增强学生的自信心和成就感。当学生在自己擅长的领域取得进步和成就时，他们会感到自豪和满足，从而增强自信心和成就感。这种自信心和成就感又会进一步激发学生的学习动力和创造力，形成良性循环。同时，个性化教学还能够帮助学生发现自己的潜能和特长，为他们的未来发展指明方向。

二、个性化教学模式在英语教学中的实践

（一）在英语教学中实施个性化教学模式的举例

随着教育改革的不断深入，个性化教学模式在英语教学中的应用越来越广泛。这种教学模式强调根据学生的个体差异和学习需求进行教学设计，使每个学生都能在适合自己的学习环境中得到发展。以下是在英语教学中实施个性化教学模式的几个具体例子。

1. 分层教学

分层教学是个性化教学模式的一种常见形式。教师根据学生的英语水平和学习需求将学生分成不同的层次，然后针对每个层次的学生制订相应的教学计划和教学目标。例如，对于英语基础较差的学生，教师可以重点加强他们的词汇和语法训练；对于英语基础较好的学生，教师可以引导他们进行更高层次的阅读和写作练习。通过分层教学，教师可以更好地满足不同层次学生的学习需求，使每个学生都能在原有的基础上得到提升。

2. 小组合作学习

小组合作学习是个性化教学模式的另一种重要形式。教师将学生分成若干小组，每个小组内的学生具有相似的兴趣爱好和学习风格。然后，教师给每个小组分配相应的学习任务，让小组内的学生共同合作完成。在小组合作学习的过程中，学生可以相互帮助、相互学习，共同解决问题。这种学习方式不仅能够培养学生的团队合作精神和沟通能力，还能够让每个学生都在适合自己的学习环境中得到发展。

3. 项目式学习

项目式学习是个性化教学模式的一种创新形式。教师引导学生根据自己的兴趣和特长选择一个英语项目进行研究和展示。这些项目可以是制作英语新闻广播、编写英语剧本、组织英语角等。在项目式学习的过程中，学生需要自主地收集资料、分析问题、解决问题，并将自己的研究成果以英语的形式进行展示。这种学习方式不仅能够培养学生的自主学习能力和创新精神，还能够提升学生的英语实际应用能力。

（二）个性化教学模式在提升学生英语综合能力方面的效果

个性化教学模式在提升学生英语综合能力方面具有显著的效果。以下是几个方面的具体表现。

1. 均衡发展听说读写能力

在传统的教学模式中，学生往往只注重读写能力的培养而忽视听说能力的训练。而在个性化教学模式中，教师可以根据学生的需求设计多样化的教学活动，如角色扮演、情景对话、辩论等。这些活动不仅能够激发学生的学习兴趣和积极性，还能够全面提高学生的英语听说读写能力。通过参与这些活动，学生可以更好地掌握英语语言的运用技巧，提高自己的语言表达能力和交际能力。

2. 提升跨文化交际能力

英语作为一门国际通用语言，不仅承载着丰富的文化内涵，还涉及不同文化背景下的交际习惯和价值观念。在个性化教学模式中，教师可以引入丰富的文化资源和真实的语境材料，帮助学生了解不同文化背景下的交际习惯和价值观念。这种教学方式不仅能够培养学生的跨文化交际能力，还能够拓宽学生的国际视野和跨文化意识。

3. 培养自主学习能力和创新精神

个性化教学模式强调学生的主体地位和对自主学习能力的培养。在这种教学模式下，学生需要主动地探索、发现和解决问题。这种过程不仅能够培养学生的自主学习能力和创新精神，还能够增强学生的自信心和成就感。通过自主学习和创新实践，学生可以更好地掌握英语知识和技能，提高自己的综合素质和竞争力。

（三）个性化教学模式下教师角色的转变和挑战

在个性化教学模式下，教师的角色发生了显著的变化。他们不再仅仅是知识的传授者，而是转变为学习的引导者和支持者；不再仅仅是教学的主导者，而是转变为教学的合作者和参与者。然而，这种角色的转变也给教师带来了新的挑战和要求。

1. 教师角色的转变

（1）从知识的传授者转变为学习的引导者和支持者。在个性化教学模式下，教师不再仅仅是向学生传授知识，而是引导学生主动探索、发现和解决问题。他们需要关注学生的学习兴趣和需求，了解学生的学习进度和困难，为学生提供及时的指导和帮助。同时，教师还需要创设良好的学习环境和学习氛围，激发学生的学习兴趣和积极性，促进学生的自主学习和合作学习。

（2）从教学的主导者转变为教学的合作者和参与者。在个性化教学模式下，教师与学生之间的关系变得更加平等。他们不再仅仅是教学的主导者，而是与学生一起制订学习计划、选择学习资源、评价学习成果的合作者。教师需要与学生建立良好的师生关系和合作伙伴关系，共同促进学生的个性化发展。同时，教师还需要关注学生的学习反馈和意见，及时调整和优化教学设计，以满足学生不断变化的学习需求。

2. 教师面临的挑战

（1）更高的专业素养和教育技能。个性化教学模式要求教师具备更高的专业素养和教育技能。他们需要了解不同学生的个体差异和学习需求，掌握多样化的教学方法和手段。同时，教师还需要具备丰富的教育心理学知识和教育评价技能，能够根据学生的反馈和变化及时调整和优化教学设计。这些要求对教师的专业素养和教育技能提出了更高的挑战。

（2）更强的创新意识和实践能力。个性化教学模式要求教师具备更强的创新意识和实践能力。他们需要不断地探索新的教学理念和方法，勇于尝试新的教学实践和改革。同时，教师还需要关注教育领域的最新动态和发展趋势，不断更新自己的教育观念和知识结构。这些要求对教师的创新意识和实践能力提出了更高的挑战。

（3）更强的团队协作和沟通能力。个性化教学模式要求教师具备更强的团队协作和沟通能力。他们需要与同事、学生、家长等多方进行有效的沟通和协作，共同促进学生的个性化发展。同时，教师还需要具备领导和管理团队的能力，能够带领团队共同完成教学任务和目标。这些要求对教师的团队协作和沟通能力提出了更高的挑战。

三、实现个性化教学的策略与技术支持

（一）实现个性化教学的策略

个性化教学，顾名思义，是根据每个学生的个体差异、兴趣、能力和学习风格来定制的教学方法。这种教学模式强调以学生为中心，注重因材施教，旨在让每个学生都能在最适合自己的环境中获得最佳的学习效果。实现个性化教学，需要采取一系列科学有效的策略和方法。

1. 准确识别学生的个体差异

要实现个性化教学，首先需要对每个学生的个体差异进行准确识别。这包括学生的知识基础、学习能力、兴趣爱好、性格特点等方面的差异。教师可以通过观察、测试、问卷调查等方式收集学生的信息，建立学生档案，为后续的个性化教学提供依据。

2. 制订差异化的教学目标和计划

在准确识别学生个体差异的基础上，教师需要制订差异化的教学目标和计划。对于不同层次的学生，教师应设定不同的教学目标，确保每个学生都能在自己的基础上获得进步。同时，教师还需要根据学生的实际情况，灵活调整教学计划，以满足学生的个性化需求。

3. 选择多样化的教学方法和手段

个性化教学强调因材施教，因此教师需要选择多样化的教学方法和手段。对于不同类型的学生，教师应采用不同的教学方法，如讲授法、讨论法、实验法、案例法等。同时，教师还可以利用多媒体技术、网络资源等现代教学手段，丰富教学内容和形式，激发学生的学习兴趣和积极性。

4. 设计灵活多样的评价方式

个性化教学需要与之相适应的评价方式。教师应摒弃传统的单一评价方式，设计灵活多样的评价方式，如过程性评价、表现性评价、作品评价等。这些评价方式能够更全面地反映学生的学习情况和进步程度，为个性化教学提供有力的反馈和支持。

（二）支持个性化教学的技术手段和工具

随着信息技术的飞速发展，越来越多的技术手段和工具被应用于教育领域，

为个性化教学提供了有力的支持。这些技术手段和工具不仅能够帮助教师更好地实施个性化教学策略，还能够提高教学效率和效果。

1. 学习分析技术

学习分析技术是一种通过收集、处理和分析学生的学习数据来评估学生的学习进度、预测学生的学习成绩并提供个性化学习建议的技术。这种技术可以帮助教师实时了解学生的学习情况，及时调整教学策略，以满足学生的个性化需求。同时，学习分析技术还能够为教师提供科学的教学决策支持，提高教学的针对性和有效性。

2. 智能推荐系统

智能推荐系统是一种能够根据学生的兴趣、风格和需求推荐合适的学习资源和路径的系统。这种系统可以利用大数据和人工智能技术对学生的学习行为进行分析和挖掘，发现学生的潜在需求和兴趣点，并为学生推荐相应的学习资源和路径。

3. 在线互动平台

在线互动平台是一种能够为学生提供更加便捷多样的交流方式和机会的平台。这种平台可以支持师生之间的实时互动和合作，促进信息的共享和交流。通过在线互动平台，学生可以随时随地与教师进行沟通和交流，提出问题和建议；教师也可以及时回应学生的需求和反馈，为学生提供个性化的指导和帮助。

（三）教师专业发展和团队协作在实现个性化教学中的重要性

要实现个性化教学，教师的专业发展和团队协作至关重要。只有教师专业素养得到提升并形成良好的团队协作氛围时，才能够更好地实现个性化教学目标并促进学生的全面发展。

1. 教师专业发展

教师专业发展是实现个性化教学的基础和前提。教师需要不断更新自己的教育理念和知识结构，掌握最新的教学理论和技能；同时还需要积极参与教育研究和改革实践，探索适合学生的个性化教学模式和方法。通过专业发展，教师可以提高自己的教学能力和水平，为学生提供更加优质的教育服务。

2. 团队协作

团队协作是实现个性化教学的重要保障。在教学过程中，教师需要与同事共同研究解决教育问题、分享教学经验和资源；同时还需要加强与其他学科教师的合作和沟通，形成跨学科的教学团队。通过团队协作，教师可以相互学习、相互借鉴、相互支持，共同提高个性化教学的质量和效果。

第五章　高校英语教学评价体系改革

第一节　传统英语教学评价体系的弊端

一、传统英语教学评价体系的概述

（一）传统英语教学评价体系的定义和特点

传统英语教学评价体系，通常指的是在英语教学过程中，采用一系列标准化的测试、考试和评分机制来评估学生的英语学习成果。这种评价体系的特点在于其标准化、统一化和结果导向性。它强调对学生知识掌握的量化评估，通常以分数或等级作为最终的评价结果。

（二）传统英语教学评价体系的历史演变

传统英语教学评价体系的历史可以追溯到 19 世纪末和 20 世纪初，当时随着工业革命的兴起和现代教育制度的建立，标准化测试和考试逐渐成为评估学生学习成果的主要手段。这种评价体系在 20 世纪的大部分时间里占据了主导地位，对全球范围内的英语教学产生了深远的影响。

二、传统英语教学评价体系存在的主要问题

（一）评价内容单一，过于注重知识掌握

传统英语教学评价体系往往过于注重对学生知识掌握的评估，而忽视了对学生其他能力，如口语表达能力、跨文化交际能力、批判性思维等的评价。这种单一的评价内容导致学生在英语学习过程中过于关注语法、词汇等知识点的记忆，而忽视了英语作为一门语言的实际应用。

（二）评价方式僵化，缺乏灵活性和多样性

传统英语教学评价体系通常采用标准化的测试和考试作为主要的评价方式，

这种评价方式缺乏灵活性和多样性。它无法全面反映学生的英语综合能力，也无法适应不同学生的个体差异和学习风格。此外，标准化的测试和考试往往只能测量学生的显性知识，而无法评估学生的隐性知识和技能。

（三）评价主体单一，忽视学生的自我评价和同伴评价

在传统英语教学评价体系中，教师通常是唯一的评价主体，他们根据学生的表现和成绩来给出评价。这种评价主体单一的方式忽视了学生自我评价和同伴评价的重要性。学生自我评价可以帮助学生更好地了解自己的学习情况，而同伴评价则可以提供不同的观点和反馈，有助于学生更全面地认识自己的英语学习。

（四）评价结果片面，难以全面反映学生的英语综合能力

由于传统英语教学评价体系存在上述诸多问题，因此其评价结果往往具有片面性。单一的分数或等级无法全面反映学生的英语综合能力，也无法准确反映学生在英语学习过程中的努力和进步。这种片面的评价结果可能会对学生的自信心和学习动力产生负面影响。

（五）忽视学生的学习过程和情感态度，导致学生学习动力不足

传统英语教学评价体系过于注重对学生学习结果的评估，而忽视了对学生学习过程和情感态度的关注。这种忽视会导致学生在学习过程中缺乏动力和兴趣，因为他们无法从评价中得到及时的反馈和指导，也无法感受到自己在英语学习中的进步和成就。

三、传统英语教学评价体系对学生和教师的影响

（一）对学生英语学习积极性和创造性的影响

传统英语教学评价体系对学生英语学习积极性和创造性产生了明显的负面影响。由于评价体系过于注重知识掌握的程度和标准化测试的成绩，学生往往被迫采用机械记忆和应试技巧来应对英语学习，而忽视了英语的实际应用和创造性表达。这种应试教育模式限制了学生的思维发展和创新能力，导致他们在英语学习过程中缺乏积极性和创造性。

（二）对教师教学方法和策略改进的影响

传统英语教学评价体系也对教师的教学方法和策略改进产生了限制。由于评价体系强调标准化测试和把考试的成绩作为衡量学生学习成果的主要指标，教师往往被迫采用灌输式教学和应试训练来提高学生的成绩。这种教学方法忽视了学生的学习需求和个体差异，也限制了教师教学方法和策略的多样性和创新性。因此，传统英语教学评价体系不利于教师的专业发展和教学质量的提升。

第二节　基于信息化的高校英语教学评价体系构建

一、信息化背景下英语教学评价体系的新要求

（一）强调评价内容的全面性和多元化

在信息化时代背景下，高校英语教学评价体系迎来了新的要求和挑战。传统的教学评价体系往往过于注重对学生的语言知识和技能的考核，而忽视了对学生其他能力的评价。然而，随着全球化的不断深入和信息化技术的快速发展，仅仅掌握语言知识已经无法满足社会的需求。因此，高校英语教学评价体系必须强调评价内容的全面性和多元化。

评价内容应涵盖学生的各个方面，包括语言知识、语言技能、学习策略、文化意识以及自主学习能力等。语言知识包括词汇、语法、语用等方面，是学生学习英语的基础。语言技能则包括听、说、读、写四个方面，是学生运用英语进行交际的重要手段。学习策略是学生在学习过程中采用的方法和手段，对于提高学习效率和学习成绩具有重要作用。文化意识则是学生了解英语国家文化、历史、社会等方面的知识的途径，有助于增强学生的跨文化交际能力。自主学习能力则是学生具备的一种重要素质，能够帮助他们更好地适应未来的学习和工作。

评价内容应注重多元化。多元化是指评价内容应涵盖不同类型的知识点和能力点，以适应不同学生的学习需求和个性差异。例如，在评价学生的阅读能力时，可以包括不同难度、不同体裁的阅读材料，以考察学生的阅读速度、理

解能力和批判性思维。在评价学生的口语表达能力时，可以采用不同的口语任务，如描述图片、发表观点、进行辩论等，以考察学生的口语流利度、准确性和逻辑性。这种多元化的评价内容能够更全面地反映学生的英语能力和素养。

评价内容的全面性和多元化需要与评价目标相一致。评价目标是教学评价的出发点和归宿点，它决定了评价内容的选择和评价方式的设计。因此，在制订教学评价体系时，必须明确评价目标，确保评价内容与评价目标相一致。同时，还应根据学生的学习需求和个性差异，制订差异化的评价目标，以更好地促进每个学生的发展。

（二）注重评价方式的多样性和灵活性

在信息化背景下，高校英语教学评价体系还应注重评价方式的多样性和灵活性。传统的纸笔测试已经无法完全满足现代教学评价的需求。因此，我们需要充分利用信息技术手段，创新评价方式和方法。

我们可以利用在线测试平台来进行随堂测验、单元测试和期末考试等。这些平台不仅可以提供丰富的试题资源，还可以实现自动批改和统计分析等功能，大大提高评价的效率和准确性。同时，在线测试还可以根据学生的答题情况提供即时的反馈和建议，帮助学生及时发现自己的不足并进行改进。

我们可以采用电子档案袋的方式来记录学生的学习过程和成果。电子档案袋可以包含学生的学习计划、学习笔记、作业、作品、反思等内容，以及教师、同伴和家长的评价和反馈。这种方式可以全面地反映学生的学习情况和学习进步程度，为教师和学生提供更全面、更客观的评价依据。同时，电子档案袋还可以促进学生的自主学习和自我评价能力的发展。

我们可以尝试采用其他创新性的评价方式，如表现性评价、作品评价、同伴评价和自我评价等。表现性评价可以通过观察学生在真实或模拟情境中的表现来评价他们的英语能力和素养；作品评价可以通过分析学生的作文、翻译、演讲等作品来评价他们的英语水平和创新能力；同伴评价和自我评价则可以增强学生的参与感和主体意识，提高他们的评价能力和批判性思维。这些评价方式可以根据具体的教学内容和目标进行灵活选择和设计，以更好地适应学生的学习需求和个性差异。

（三）倡导评价主体的多元化和参与性

在信息化背景下，高校英语教学评价体系的完善不仅需要关注评价内容和方式，更需要重视评价主体的多元化和参与性。这一要求的提出，是基于对现代教学评价理念的深入理解和对信息化技术发展趋势的敏锐洞察。

倡导评价主体的多元化是促进学生全面发展的必然选择。在传统的英语教学评价中，教师往往是唯一的评价主体，他们根据学生的课堂表现、作业完成情况以及考试成绩来对学生的英语水平进行评价。然而，这种单一的评价主体容易忽视学生的个体差异和多元化发展需求。因此，我们需要引入更多的评价主体，包括学生、同伴、家长以及其他利益相关者。学生可以通过自我评价来反思自己的学习过程和成果，同伴评价可以提供不同的观点和反馈，家长评价可以从家庭教育的角度对学生的英语学习给予关注和支持。这种多元化的评价主体能够提供更全面、更客观的评价结果，有助于促进学生的全面发展。

强调评价主体的参与性是现代教学评价的重要特征之一。在传统的英语教学评价中，学生往往只是被动地接受评价，缺乏主动性和积极性。而在信息化背景下，我们可以通过各种信息技术手段来增强学生的参与感和主体意识。例如，我们可以利用在线测试平台让学生自主选择测试时间和地点，利用电子档案袋让学生自主记录和管理自己的学习过程和成果，利用社交媒体让学生分享和交流自己的学习心得和体验等。这些措施可以激发学生的学习兴趣和动力，提高他们的学习积极性和自主性。

倡导评价主体的多元化和参与性需要建立完善的评价机制和保障措施。我们需要制订明确的评价标准和流程,确保各个评价主体在评价过程中能够客观、公正、准确地进行评价。同时，我们还需要加强对评价结果的反馈和指导，帮助学生及时了解自己的学习情况和进步程度，发现存在的问题和不足，为后续的学习提供有针对性的指导。此外，我们还需要加强对评价主体的培训和教育，提高他们的评价素养和能力水平。

（四）关注评价结果的反馈和指导作用

在信息化背景下，高校英语教学评价不仅是对学生学习成果的检验，更是对教学质量的反馈和指导。因此，评价结果的反馈和指导作用变得尤为重要。

通过及时、准确的反馈，学生可以了解自己的学习情况，调整学习策略，提高学习效果；教师则可以获取教学信息，优化教学内容和方法，提升教学质量。

评价结果应及时反馈给学生。在信息化时代，借助各种技术手段，如在线测试系统、学习管理系统等，可以实现评价结果的即时反馈。学生完成测试或作业后，系统可以立即给出分数和解析，让学生及时了解自己的答题情况和知识掌握程度。这种即时反馈不仅可以激发学生的学习动力，还可以帮助他们及时发现并纠正错误，避免形成错误的学习习惯。

评价结果应具有指导意义。单纯的分数或等级并不能为学生提供有效的学习建议。因此，评价结果需要包含详细的诊断信息，指出学生在各个知识点或技能上的掌握情况，以及存在的问题和不足。这样，学生可以根据反馈结果制订针对性的学习计划，重点攻克薄弱环节，实现个性化学习。同时，教师也可以根据评价结果调整教学策略，为学生提供更有针对性的指导。

关注评价结果的反馈和指导作用还需要建立完善的跟踪机制。学生的学习是一个持续的过程，评价结果只是某个时间点的快照。为了更全面地了解学生的学习情况和发展轨迹，需要建立长期的学习档案袋或学习轨迹记录系统。这些系统可以持续收集学生的学习数据，包括测试结果、作业完成情况、在线学习行为等，为学生和教师提供全面的学习反馈和指导依据。

强调评价结果的反馈和指导作用需要提升师生的评价素养。师生需要具备正确的评价观念和方法，能够正确理解和运用评价结果。学校可以通过培训、研讨等方式提高师生的评价素养，帮助他们更好地利用评价结果促进教学和学习的发展。同时，还需要建立完善的评价制度和文化氛围，鼓励师生积极参与评价过程，充分利用评价结果提升教学质量和学习效果。

二、基于信息化的英语教学评价体系构建的原则

（一）以学生为中心，关注学生的全面发展

在构建基于信息化的英语教学评价体系时，我们必须始终坚持以学生为中心的原则，并关注学生的全面发展。这一原则体现了现代教育理念的核心，即尊重学生的主体地位，发挥他们的主观能动性，促进他们的全面发展。

1. 尊重学生的主体地位

学生是学习的主体，他们的学习需求、兴趣爱好和个性差异都应成为评价体系设计重要考虑的因素。在信息化背景下，我们可以利用大数据、人工智能等技术手段对学生的学习行为进行分析，了解他们的学习特点和需求，从而为他们提供个性化的学习资源和评价反馈。

2. 激发学生的学习动力和创造力

评价体系的设计应能够激发学生的学习动力和创造力。通过设定明确的学习目标和评价标准，以及提供及时的反馈和指导，我们可以帮助学生树立积极的学习态度，培养他们的自主学习能力和创新精神。同时，我们还可以利用信息技术手段创设丰富多样的学习情境和任务，让学生在完成任务的过程中体验成功的喜悦，增强他们的学习自信心。

3. 注重学生的全面发展

基于信息化的英语教学评价体系应关注学生的全面发展，包括对英语综合能力、跨文化交际能力、批判性思维等核心素养的培养。这些核心素养是学生未来发展的重要基础，也是他们适应全球化时代挑战的必备能力。因此，在评价体系的设计中，我们应注重对这些核心素养的考查和评价，以引导学生全面发展。

（二）以信息技术为支撑，实现评价的智能化和个性化

在构建基于信息化的英语教学评价体系时，教师应充分利用信息技术手段，实现评价的智能化和个性化。这是信息化时代教育发展的必然趋势，也是提高评价科学性和有效性的重要途径。

1. 利用信息技术实现评价的智能化

通过引入大数据、人工智能等信息技术手段，教师可以对学生的学习过程进行实时监控和数据分析。这些技术手段可以帮助教师收集学生的学习数据，了解他们的学习进度和效果，从而为每位学生提供精准化、个性化的评价反馈和指导建议。这种智能化的评价方式不仅可以减轻教师的工作负担，提高评价的效率，还可以更准确地反映学生的学习情况，为教学改进提供有力支持。

2. 利用信息技术实现评价的个性化

信息技术的发展使得个性化教育成为可能。在英语教学评价体系中，教师可以利用信息技术手段为每位学生制订个性化的学习计划和评价方案。这些方案和计划可以根据学生的学习需求、兴趣爱好和个性差异进行定制，以更好地满足他们的学习需求。同时，我们还可以利用信息技术手段为学生提供个性化的学习资源和学习路径，让他们在学习过程中能够根据自己的特点和需求进行自主选择和学习。这种个性化的评价方式可以激发学生的学习兴趣和动力，提高他们的学习积极性和自主性。

（三）以多元化评价为核心，构建全方位、多角度的评价体系

基于信息化的英语教学评价体系应以多元化评价为核心，构建全方位、多角度的评价体系。这是由英语学科的特性和信息化时代的教育需求所决定的。

1. 引入多种评价方式

除了传统的测试和考试外，我们还应引入多种评价方式，如表现性评价、作品评价、同伴评价、自我评价等。这些评价方式可以从不同的角度反映学生的英语综合能力和素养，提供更全面、更客观的评价结果。例如，表现性评价可以通过观察学生在真实或模拟情境中的表现来评价他们的英语运用能力和交际能力；作品评价可以通过分析学生的作文、翻译等作品来评价他们的英语水平和创新能力；同伴评价和自我评价则可以增强学生的参与感和主体意识，提高他们的评价能力和批判性思维。

2. 从多个角度对学生的英语学习进行评价

在构建全方位、多角度的评价体系时，我们还应从多个角度对学生的英语学习进行评价。这些角度包括语言知识、语言技能、情感态度、学习策略等方面。语言知识是学生学习英语的基础，语言技能是他们运用英语进行交际的重要手段。情感态度则反映了学生对英语学习的态度和兴趣，学习策略则是他们在学习过程中采用的方法和手段。对这些方面的全面评价可以更准确地反映学生的英语学习情况，为教学改进提供有力支持。

（四）以过程性评价为重点，关注学生的学习过程和进步程度

在构建基于信息化的英语教学评价体系时，应以过程性评价为重点，关注

学生的学习过程和进步程度。这是由信息化时代的教育理念和英语学科的教学特点所决定的。

1. 关注学生的学习过程

过程性评价强调对学生的学习过程进行持续关注和记录。通过收集学生的学习数据、观察他们的学习表现、分析他们的学习特点等方式，教师可以及时了解学生的学习情况和进步程度。这种关注学习过程的评价方式可以帮助教师发现学生在学习过程中存在的问题和困难，及时为他们提供有针对性的指导和帮助。同时，它还可以促进学生的学习自主性和责任感，培养他们的自我监控和自我调节能力。

2. 关注学生的进步和发展

过程性评价的另一个重点是关注学生的进步和发展。通过比较学生在不同时间点的学习表现和数据变化，教师可以了解他们的进步情况和发展趋势。这种关注进步的评价方式可以激发学生的学习动力和自信心，让他们看到自己的努力和成果。同时，它还可以为教师的教学改进提供有力支持，帮助教师调整教学策略和方法以适应学生的需求和发展。

三、基于信息化的英语教学评价体系的具体实践

（一）利用信息技术手段实现评价的自动化和智能化

在基于信息化的英语教学评价体系中，充分利用信息技术手段实现评价的自动化和智能化，是提高评价效率和准确性的重要途径。以下将详细论述利用这些技术手段进行评价的自动化和智能化实践。

1. 开发在线测试系统，实现自动化测试和评价

在线测试系统是信息化教学评价的重要组成部分。通过开发在线测试系统，教师可以方便地创建、发布和管理测试题目，学生可以随时随地参加测试，系统能够自动批改试卷并生成详细的成绩报告。这种自动化测试和评价方式不仅大大提高了评价的效率和便捷性，还能够减少人为因素对评价结果的影响，提高评价的客观性和公正性。

在线测试系统的开发可以采用多种技术手段，如基于 Web 的在线测试平台、

移动应用等。这些平台通常具有用户管理、题库管理、试卷生成、在线测试、成绩统计等功能，能够满足不同场景下的测试需求。同时，通过引入先进的测试算法和数据分析技术，还可以对测试结果进行深度挖掘和分析，为教学改进提供更有价值的参考信息。

2. 引入学习分析技术，实现智能化评价反馈和指导

学习分析技术是近年来兴起的一种新型教育技术手段，它通过对学生的学习数据进行收集、整理和分析，为每位学生提供精准化、个性化的评价反馈和指导建议。在英语教学评价体系中，引入学习分析技术可以实现评价的智能化和个性化，帮助学生更好地了解自己的学习情况，发现存在的问题和不足，制订针对性的学习计划和策略。

具体来说，学习分析技术可以应用于以下几个方面。一是学习行为分析，通过对学生的学习时间、学习路径、交互次数等数据进行统计和分析，了解学生的学习习惯和特点；二是学习成效分析，通过对学生的测试成绩、作业完成情况等数据进行挖掘和分析，评估学生的学习效果和进步程度；三是个性化推荐和指导，根据学生的学习需求和特点，为他们推荐合适的学习资源和路径，提供个性化的学习建议和指导。

（二）构建在线评价平台，实现评价的实时性和互动性

基于信息化的英语教学评价体系需要构建一个在线评价平台，以实现评价的实时性和互动性。这一平台不仅可以提供即时的评价反馈，还能促进学生、教师、家长等多方参与评价过程，从而增强评价的全面性和有效性。

1. 实时性评价的实现

在线评价平台通过互联网技术，可以实时收集学生的学习数据，包括作业完成情况、在线测试成绩、学习时长等。这些数据经过处理后，能够迅速生成评价报告，反映学生的学习状态和进步情况。学生可以随时查看自己的评价结果，了解自己的学习进度和存在的问题，从而及时调整学习策略。同时，教师也可以根据实时评价结果，及时调整教学内容和方法，以满足学生的学习需求。

2. 互动性评价的实现

在线评价平台支持多方参与评价过程，包括学生自评、同伴互评、教师评

价以及家长评价等。这种互动性评价方式不仅可以增加评价的客观性和公正性，还能促进学生之间的交流和合作。学生可以通过互评了解他人的学习方法和观点，从而拓宽自己的视野；教师可以通过学生自评和互评了解学生的学习需求和困难，为个性化教学提供依据；家长可以通过参与评价了解孩子的学习情况，与学校形成教育合力。

此外，在线评价平台还可以设置讨论区、问答区等互动模块，方便学生、教师、家长之间进行沟通和交流。这些模块可以为学生提供一个展示自己、分享经验、解决问题的平台，同时也能增进彼此之间的了解和信任。

（三）利用大数据和人工智能技术实现评价的精准化和个性化

在基于信息化的英语教学评价体系中，大数据和人工智能技术的应用为实现评价的精准化和个性化提供了有力支持。这些技术可以深入挖掘学生的学习数据和行为模式，为每位学生提供定制化的评价反馈和学习建议。

1. 大数据在精准化评价中的应用

大数据技术可以收集并分析学生在学习过程中产生的海量数据，包括学习时长、学习路径、作业成绩、在线测试成绩等。通过对这些数据的深入挖掘和分析，教师可以更准确地了解每位学生的学习特点、兴趣爱好和困难所在，从而为他们提供精准化的评价反馈和指导建议。例如，对于在阅读理解方面存在困难的学生，教师可以根据大数据分析结果，为他们推荐适合的阅读材料和练习题目，帮助他们提高阅读能力。

2. 人工智能在个性化评价中的应用

人工智能技术可以根据学生的学习数据和行为模式，为他们构建个性化的学习模型和评价模型。这些模型可以根据每位学生的特点和需求，为他们提供定制化的学习路径和评价方案。例如，对于口语表达能力较弱的学生，人工智能可以根据他们的发音特点和语法错误情况，为他们提供针对性的口语练习建议和反馈；对于写作能力较强的学生，人工智能可以为他们推荐更高难度的写作任务和范文，以激发他们的挑战欲望和创造力。

同时，人工智能技术还可以实现智能推荐和预测功能。通过对学生的学习历史和成绩进行深度分析，人工智能可以预测他们在未来可能遇到的学习困难和挑战，并提前为他们提供相应的学习资源和建议。这种智能推荐和预测功能可以帮助学生更好地规划自己的学习路径和提高学习效果。

第三节　高校英语多元化、过程性评价体系的实施策略

一、多元化评价体系的实施策略

（一）确定多元化的评价内容和标准

在高校英语教育中，建立多元化评价体系的首要任务是确定多元化的评价内容和标准。这不仅关乎评价的全面性和公正性，更是激发学生多元智能、促进其全面发展的重要手段。

1. 多元化的评价内容

传统的英语教育往往过于注重对语言知识和技能的考核，而忽视了学生在学习策略、文化意识和自主学习能力等方面的发展。因此，多元化评价体系的评价内容应涵盖以下方面。

（1）英语语言知识：包括语音、词汇、语法等基础知识，这是英语学习的基石。

（2）英语语言技能：听、说、读、写、译等技能的综合运用，反映学生的英语实际应用能力。

（3）学习策略：学生应学会如何规划自己的学习路径，选择适合自己的学习方法，以及在学习过程中如何调整策略以应对不同挑战。

（4）文化意识：学生对英语国家文化的了解和认同，以及跨文化交际能力。

（5）自主学习能力：学生是否具备独立学习的能力，能否在没有教师指导的情况下有效学习。

2. 多元化的评价标准

在确定评价标准时，应避免一刀切的做法，充分考虑学生的个体差异和多

元化发展。具体来说，评价标准应体现以下特点。

（1）差异性：允许学生在不同领域展现自己的优势，评价标准应能够识别和肯定这些差异。

（2）发展性：评价标准应关注学生的进步和发展，而不仅仅是静态的成绩。

（3）全面性：评价标准应涵盖学生的各个方面，包括知识、技能、情感、态度和价值观等。

（二）选择多样化的评价方法和工具

为了实现多元化评价，必须打破传统单一的评价模式，选择多样化的评价方法和工具。这不仅有助于更全面地评价学生的英语学习情况，还能激发学生的学习兴趣和积极性。

1. 传统评价方法的革新

虽然笔试和口试等传统评价方法在一定程度上能够反映学生的英语水平，但它们往往过于注重结果而忽视过程，且容易使学生产生应试心态。因此，在使用这些方法时，应注重以下几方面的革新。

（1）笔试内容应更加灵活多样，减少机械记忆类题目，增加实际应用类题目。

（2）口试应注重学生的交际能力和表达能力，而不仅仅是语音语调的准确性。

（3）在评价过程中关注学生的反应和思考过程，而不仅仅是答案的正确与否。

2. 表现性评价和档案袋评价的应用

表现性评价是指通过观察学生在实际任务中的表现来评价其能力的方法。在英语教育中，可以通过让学生完成实际任务（如演讲、表演、写作等）来评价其英语应用能力。档案袋评价则是一种持续性的评价方法，通过收集学生在一段时间内的作品、反思和进步记录等来评价其学习情况。这两种评价方法都能更真实地反映学生的英语能力和学习过程。

3. 同伴评价和自我评价的引入

同伴评价和自我评价是两种重要的评价方法，它们能够让学生从不同角度审视自己的学习情况和进步程度。同伴评价可以培养学生的批判性思维和合作能力；自我评价则可以帮助学生建立自我监控和反思的习惯，提高自主学习能力。在实施这两种评价方法时，教师应给予适当的指导和支持，确保评价的客观性和有效性。

4. 信息技术手段的运用

随着信息技术的发展，越来越多的在线评价工具被应用于英语教育中。这些工具可以实现自动化批改、智能分析等功能，大大提高评价的效率和准确性。同时，它们还能为学生提供个性化的学习反馈和建议，帮助其更好地规划学习路径和提高学习效果。因此，在多元化评价体系中应充分运用信息技术手段来优化评价过程和提高评价质量。

（三）引入多元化的评价主体和角度

在多元化评价体系中，引入多元化的评价主体和角度是至关重要的。这不仅可以增加评价的客观性和全面性，还能促进学生、教师、家长等多方之间的沟通和合作。

1. 学生作为评价主体

学生作为学习活动的主体，应该成为评价体系中的重要参与者。通过自我评价，学生可以反思自己的学习过程和成果，发现自己的优点和不足，从而制订针对性的学习计划。同时，自我评价还能培养学生的自主意识和批判性思维，提高其自主学习能力。在实施自我评价时，教师应给予适当的指导和支持，确保评价的客观性和有效性。

2. 同伴作为评价主体

同伴评价是指学生之间相互评价对方的学习情况和成果。这种评价方式可以提供不同的观点和反馈，帮助学生更全面地了解自己的学习情况。同时，同伴评价还能培养学生的合作精神和团队意识，提高其人际交往能力。在实施同伴评价时，教师应明确评价标准和方法，确保评价的公正性和客观性。

3. 家长作为评价主体

家长是学生学习的重要支持者，也是评价体系中的重要参与者。通过家长评价，可以从家庭教育的角度对学生的英语学习给予关注和支持。家长可以提供关于学生在家庭环境中的学习情况、学习态度等方面的信息，帮助教师更全面地了解学生的实际情况。同时，家长评价还能促进家校合作，共同促进学生的全面发展。在实施家长评价时，教师应与家长建立良好的沟通机制，确保评价的及时性和有效性。

4. 多角度评价

除了引入多元化的评价主体外，还应从多个角度对学生的英语学习进行评价。这包括知识掌握程度、技能运用水平、学习策略使用情况、文化意识表现以及自主学习能力等多个方面。通过多角度评价，可以更全面地反映学生的英语综合能力和素质水平。

（四）建立多元化的评价结果反馈机制

建立多元化的评价结果反馈机制是多元化评价体系的重要组成部分。通过及时、准确的反馈，可以帮助学生和教师了解学生的学习情况和进步程度，从而调整教学策略和学习计划，促进学生的全面发展。

1. 及时反馈评价结果

评价结果的及时反馈对于激发学生的学习积极性和提高教学效果至关重要。教师应尽快将评价结果反馈给学生和家长，让他们了解学生在各个方面的表现。同时，反馈结果应具体明确，指出学生的优点和不足，并提供针对性的改进建议。

2. 建立多方参与的评价结果反馈机制

为了实现评价的互动性和共享性，应建立学生、教师、家长等多方参与的评价结果反馈机制。这可以通过定期的家长会、学生座谈会、在线交流平台等方式实现。在这种机制下，各方可以就学生的英语学习情况进行深入交流和讨论，共同制订针对性的教学计划和辅导策略。

3. 利用信息技术手段优化反馈过程

信息技术手段在优化反馈过程中发挥着重要作用。教师可以利用在线评价系统、学习管理系统等工具实现自动化批改、数据统计和分析等功能，提高反馈的效率和准确性。同时，这些系统还可以为学生提供个性化的学习反馈和建议，帮助其更好地规划学习路径和提高学习效果。

4. 鼓励正面的激励性反馈

在给予反馈时，教师应注重正面的激励性反馈，肯定学生的努力和进步，激发其学习积极性和自信心。同时，也要客观指出学生的不足并给出具体改进建议，帮助其不断进步。这种正面激励与具体指导相结合的反馈方式有助于形成积极向上的学习氛围和和谐的师生关系。

二、过程性评价体系的实施策略

（一）关注学生的学习过程和学习进步程度

过程性评价体系的核心在于对学生的学习过程和学习进步给予充分关注。这种评价方式不仅关注学生的学习成果，更重视学生在学习过程中所付出的努力、所采用的策略以及所取得的进步。

1. 收集学习过程数据

为了全面了解学生的学习过程，教师需要收集学生在学习过程中的各种数据。这些数据包括学习时间、学习任务完成情况、学习策略使用情况、课堂参与度、小组合作表现等。通过对这些数据的分析，教师可以了解学生的学习习惯、学习态度和学习方法，从而为后续的评价和指导提供有力依据。

2. 关注学习进步情况

除了收集学习过程数据外，过程性评价体系还要求教师关注学生的学习进步情况。这可以通过对比学生不同时间段的学习成果来实现。例如，教师可以定期对学生的作业、测试成绩等进行评价，并将这些结果与之前的结果进行比较，从而了解学生在哪些方面取得了进步，哪些方面还需要加强。这种关注学习进步的评价方式有助于激发学生的学习兴趣和积极性，促使他们不断追求进步。

3. 强调过程与结果的结合

过程性评价体系并不是完全忽视学习结果，而是强调过程与结果的结合。在评价学生的学习成果时，教师需要考虑学生在学习过程中所付出的努力、所采用的策略及所遇到的困难等因素。这样，即使学生的学习成果并不理想，但只要他们在学习过程中付出了努力、采用了有效的策略，并且取得了一定的进步，那么他们仍然应该得到肯定和鼓励。

（二）采用形成性评价和总结性评价相结合的方式

过程性评价体系推荐采用形成性评价和总结性评价相结合的方式，以更全面地评价学生的英语学习情况。

1. 形成性评价：实时跟踪与指导

形成性评价是在学习过程中进行的评价，其目的在于及时发现学生的学习问题，为他们提供有针对性的指导。在英语教学中，教师可以通过课堂观察、作业批改、小组讨论等方式，了解学生在语音、词汇、语法、听说读写等技能方面的掌握情况。同时，教师还可以关注学生的学习态度、策略使用和文化意识等方面的发展。通过形成性评价，教师可以及时调整教学策略，帮助学生解决学习中的困难，促进他们的全面发展。

2. 总结性评价：全面评估与反馈

总结性评价是在学习结束后进行的评价，旨在对学生的学习成果进行全面评估和反馈。在英语教学中，总结性评价通常包括期末考试、课程论文、口头报告等形式。这些评价不仅可以检测学生在各个学习领域的掌握程度，还能评估他们的综合语言运用能力和跨文化交际能力。通过总结性评价，教师可以了解学生在整个学期或学年的学习成果，为他们提供有针对性的反馈和建议。

3. 两种方式相结合：优势互补，全面评价

将形成性评价和总结性评价相结合，可以充分发挥两者的优势，实现对学生英语学习情况的全面评价。形成性评价注重过程，有助于及时发现和解决问题；总结性评价关注结果，有助于全面评估学生的学习成果。同时，两者相互补充，可以确保评价的连续性和一致性，为教师的教学决策和学生的学习发展提供有力支持。

（三）建立学生学习档案袋，记录学生的学习过程和成果

为了更有效地实施过程性评价，建立学生学习档案袋是一种非常实用的方法。这种档案袋可以详细记录学生的学习过程和成果，为教师和学生提供宝贵的参考信息。

1. 档案袋的内容与结构

学生学习档案袋应包含丰富的内容，如学生的学习计划、课堂笔记、作业样本、自我反思记录、小组讨论成果以及教师的观察记录和评价等。这些资料能够多维度地展示学生的学习轨迹和进步情况。同时，档案袋的结构应清晰合理，便于学生和教师随时查阅和更新。

2. 档案袋的建立与维护

建立学生学习档案袋是一个持续的过程，需要教师和学生的共同参与。教师应定期指导学生整理档案袋，确保其中的内容真实、完整且有序。同时，教师还应鼓励学生积极参与档案袋的建设，培养他们的自主管理能力和责任感。在维护档案袋的过程中，教师和学生可以定期回顾和反思学习内容，从而调整学习策略和方法。

3. 档案袋在过程性评价中的应用

学生学习档案袋在过程性评价中发挥着重要作用。首先，它可以为教师提供全面的评价依据，帮助教师更准确地了解学生的学习情况和进步程度。其次，档案袋还可以作为学生自我评价和同伴评价的重要参考，促进他们的自我认知和批判性思维的发展。最后，通过展示档案袋中的成果和进步，学生可以增强自信心和学习动力。

（四）提供及时的反馈和指导，帮助学生改进学习方法

在过程性评价体系中，提供及时的反馈和指导是至关重要的。这有助于学生了解自己的学习状况，发现存在的问题，并及时调整学习策略和方法。

1. 及时反馈的重要性

及时反馈是过程性评价的核心要素之一。它能够让学生及时了解自己的学习表现和进步情况，从而增强学习的针对性和有效性。同时，及时反馈还有助于激发学生的学习兴趣和积极性，促使他们更加主动地投入到学习中去。因此，教师在实施过程性评价时，应注重反馈的及时性，确保学生能够在第一时间获取自己的学习信息。

2. 提供有针对性的指导

除了及时反馈外，提供有针对性的指导也是过程性评价体系的重要组成部

分。教师在评价学生的学习情况时，应根据学生的个体差异和学习需求，提供具体、可行的指导建议。这些建议可以包括学习方法的改进、学习策略的调整、学习资源的推荐等。通过有针对性的指导，教师可以帮助学生解决学习中的困难，提高他们的学习效率和学习质量。

3. 培养学生的自主学习能力和自我评价能力

在提供及时的反馈和指导的同时，教师还应注重培养学生的自主学习能力和自我评价能力。这可以通过鼓励学生进行自我反思、制订学习计划、监控学习过程等方式实现。通过培养学生的这些能力，教师可以帮助学生逐步摆脱对教师的依赖，成为真正自主的学习者。同时，自我评价能力还能让学生更加客观地看待自己的学习成果和进步情况，为他们的后续学习提供有力的支持。

三、多元化、过程性评价体系的挑战与对策

（一）教师专业发展和团队协作的挑战与对策

在多元化、过程性评价体系的实施过程中，教师专业发展和团队协作成为两大核心挑战。这种评价体系要求教师不仅要有深厚的学科知识，还要掌握多种评价方法和技巧，同时能够灵活地运用这些方法和技巧来评价学生的学习过程和成果。此外，团队协作也是实施这种评价体系的关键，因为只有教师之间紧密合作，才能确保评价的准确性和公正性。

1. 教师专业发展的挑战与对策

挑战：随着教育改革的不断深入，教师需要不断更新自己的教育理念和教学方法，以适应新的评价体系。然而，一些教师可能缺乏必要的培训和支持，这导致他们在实施多元化、过程性评价时感到力不从心。

对策：为了提升教师的评价素养和能力，学校应加强教师培训，定期组织教师参加与评价相关的研讨会和工作坊。同时，学校还可以邀请专家进校指导，为教师提供一对一的辅导和支持。此外，鼓励教师积极参与评价研究和实践，通过实践不断积累评价经验和知识也是提升教师专业发展的重要途径。

2. 团队协作的挑战与对策

挑战：在多元化、过程性评价体系的实施过程中，团队协作至关重要。然

而，由于教师之间可能存在沟通不畅、观念差异等问题，导致团队协作的效果不佳。

对策：为了加强教师之间的团队协作和沟通，学校应建立教师团队协作机制，如定期召开教师会议、设立教师工作小组等。这些机制可以为教师提供一个交流的平台，让他们共同探讨评价方案和标准，解决评价过程中遇到的问题。同时，学校还应鼓励教师之间的合作和分享，营造一种积极向上的团队氛围。

（二）学生自主学习和自我评价能力的培养策略

多元化、过程性评价体系强调学生的主体地位和作用，要求学生具备一定的自主学习和自我评价能力。然而，这些能力的培养并不是一蹴而就的，需要教师在教学过程中采取有效的策略进行引导和培养。

1. 激发学生自主学习动机的策略

为了培养学生的自主学习能力，教师首先应激发学生的学习兴趣和学习动机。这可以通过创设生动有趣的教学情境、引入与学生生活紧密相关的实例、设计富有挑战性的学习任务等方式实现。同时，教师还应关注学生的学习需求和学习兴趣，尊重他们的个体差异，为他们提供个性化的学习支持。

2. 培养学生自我评价能力的策略

自我评价是学生自我认知和自我监控的重要手段。为了培养学生的自我评价能力，教师应引导学生了解评价的标准和方法，让他们明确自己的学习目标和努力方向。同时，在教学过程中，教师还应鼓励学生进行自我反思和自我评价，及时总结自己的学习经验和教训，调整自己的学习策略和方法。此外，教师还可以通过同伴评价、小组评价等方式为学生提供多元化的评价反馈，帮助他们更全面地认识自己的学习状况。

（三）学校管理制度和资源配置的改进建议

学校管理制度和资源配置是实施多元化、过程性评价体系的重要保障。然而，目前一些学校在这两方面还存在诸多问题，如管理制度不完善、资源配置不足等。为了改进这种情况，可以从下两方面加以完善。

1. 完善学校管理制度

学校应制订完善的管理制度和政策支持体系，为多元化、过程性评价体系的实施提供制度保障。这些制度应包括评价方案制订、评价标准设定、评价过程监控、评价结果反馈等方面的内容。同时，学校还应建立相应的激励机制和奖惩机制，以鼓励教师积极参与评价工作并取得优异成绩。

2. 加强学校资源配置

资源配置是实施多元化、过程性评价体系的基础条件之一。学校应加大对评价体系的投入力度，为评价体系的实施提供必要的物质条件和技术支持。这包括提供充足的评价工具和设备，建设完善的评价信息系统，提供必要的培训和辅导等。同时，学校还应根据评价体系的实施情况不断调整和优化资源配置方案，以确保资源的有效利用和最大化效益。

（四）家校合作和社会支持的寻求与利用

家校合作和社会支持是实施多元化、过程性评价体系不可或缺的重要力量。家长是学生学习的重要支持者和监督者，他们的参与和支持对于评价体系的实施至关重要；同时社会各界也对教育评价给予了越来越多的关注和支持。为了寻求和利用这些支持力量，提出以下措施。

1. 加强与家长的沟通和合作

学校应加强与家长的沟通和合作，让家长了解评价体系的理念和实施情况，引导他们积极参与学生的评价过程。这可以通过定期召开家长会、设立家长学校等方式实现。同时学校还可以邀请家长参与评价方案的制订和评价标准的设定等工作让他们更加深入地了解评价体系并发挥其作用。

2. 利用社会资源开展教育评价研究和实践活动

学校应积极利用社会资源开展教育评价研究和实践活动，借助社会力量的专业优势和资源优势来推动评价体系的创新和发展。这可以通过与高校、科研机构等合作开展课题研究、邀请专家进校指导等方式实现。同时学校还可以利用社会资源为学生提供更多的实践机会和展示平台让他们在实践中不断提升自己的能力和素质。

3. 积极争取政府和企业的支持和资助

政府和企业是教育评价的重要利益相关方，他们的支持和资助对于评价体系的实施和发展具有重要意义。因此学校应积极争取政府和企业的支持和资助为评价体系的实施提供必要的资金保障和政策支持。这可以通过向政府申请项目资助、与企业开展校企合作等方式实现。

第六章 教师信息化素养的理论基础

第一节 信息化素养的概念解析

一、信息化素养的定义

（一）信息化素养的基本概念

在深入探讨信息化素养之前，我们首先需要理解信息化社会的背景。信息化社会是一个以信息技术为核心，信息资源为主要发展动力，信息产业起支柱作用，信息高速公路为骨架，信息经济占主导地位的社会。在这样的社会背景下，信息化素养成为了每个个体不可或缺的能力。

信息化素养，简而言之，就是个体在信息化社会中所应具备的与信息技术相关的综合能力。这种能力不仅仅局限于对信息技术工具的简单操作，更重要的是对信息技术的深入理解和应用。它要求个体能够利用信息技术解决实际问题，推动社会创新和进步。

具体来说，信息化素养包括以下几个方面。

（1）信息技术基础知识的掌握：这是信息化素养的基础。个体需要了解计算机的基本操作、常用办公软件的使用、网络知识等。只有掌握了这些基础知识，才能更好地利用信息技术进行工作和学习。

（2）信息获取与处理能力的培养：在信息化社会中，信息海量且更新迅速。个体需要具备高效获取信息的能力，包括使用搜索引擎、数据库等工具进行信息检索。同时，还需要对获取的信息进行整理、分析、评价和利用，以提取出有价值的信息。

（3）信息安全与伦理道德意识的树立：信息技术的发展也带来了一系列信息安全和伦理道德问题。个体在使用信息技术时，需要遵循相关的法律法规和伦理规范，保护个人和集体的信息安全。例如，不泄露他人隐私、不传播病毒等。

（4）创新思维的培养：信息化素养不仅要求个体能够熟练运用信息技术，还要求个体具备创新思维。在掌握信息技术的基础上，个体需要能够发现问题、分析问题并解决问题，推动社会的创新和进步。

（二）信息化素养与信息素养、数字素养等相关概念的比较与辨析

在探讨信息化素养时，我们经常会遇到信息素养、数字素养等相关概念。这些概念之间既有联系又有区别。为了更好地理解信息化素养，我们需要对这些概念进行比较和辨析。

（1）信息素养与信息化素养：信息素养强调的是个体在信息社会中获取、评价和利用信息的能力。它是信息化素养的重要组成部分，但信息化素养的内涵更为广泛和深入。信息素养更注重信息的获取和利用，而信息化素养则更加注重个体在掌握信息技术基础上的综合能力和创新发展。可以说，信息素养是信息化素养的基础，而信息化素养则是信息素养的延伸和拓展。

（2）数字素养与信息化素养：数字素养侧重于个体在数字化环境中使用数字技术和工具的能力。它与信息化素养有一定的重叠，但数字素养更多关注的是数字技术本身的操作和应用，如编程、数据分析等。而信息化素养则更加关注信息技术在整个社会中的影响和作用，包括信息技术的应用、创新以及信息安全等方面。因此，数字素养可以看作是信息化素养的一个子集，它更专注于数字技术的操作和应用。

二、信息化素养的重要性

（一）信息化素养在当今社会的作用与价值

随着信息技术的迅猛发展和广泛应用，信息化素养已成为现代社会公民不可或缺的基本素养。它对个人发展、社会进步以及国家竞争力的提升都发挥着举足轻重的作用。

1. 个人发展的助推器

信息化素养是个人适应信息化社会的关键能力。在信息技术日新月异的今

天，具备信息化素养的个体能够更好地融入社会，把握时代发展的脉搏。他们能够熟练运用信息技术工具，高效获取、处理和利用信息，从而在工作、学习和生活中占据先机。此外，信息化素养还有助于个人创新能力的提升。具备信息化素养的个体能够借助信息技术手段，不断探索新的领域和解决问题的方法，推动个人价值的实现和全面发展。

2. 社会进步的催化剂

信息化素养对于推动社会创新和进步具有深远影响。一方面，具备信息化素养的个体能够在各自的领域中发挥信息技术的优势，促进产业升级和经济发展。他们能够利用信息技术提高生产效率、优化资源配置、降低能耗排放，推动社会经济的绿色可持续发展。另一方面，信息化素养还有助于提升社会公共服务水平。具备信息化素养的个体能够利用信息技术手段改善教育、医疗、交通等领域的服务质量和效率，提高人民群众的获得感和幸福感。

3. 国家竞争力的重要支撑

在全球化背景下，信息技术已成为国家间竞争的重要领域。具备信息化素养的人才资源是国家创新发展的重要支撑。他们的数量和质量直接影响到一个国家的科技创新能力、产业升级能力和国际竞争力。因此，提升全民信息化素养对于增强国家竞争力具有重要意义。通过培养具备信息化素养的人才队伍，可以推动科技创新成果的转化和应用，促进产业结构的优化升级，提高国家在国际舞台上的地位和影响力。

（二）信息化素养对于教师专业发展的意义

教师作为教育事业的中坚力量，其信息化素养的提升对于教育教学改革和教育信息化发展具有举足轻重的作用。

1. 适应教育信息化发展的关键能力

随着教育信息化的深入推进，传统的教育教学理念、方式和方法都在发生深刻变革。具备信息化素养的教师能够更好地理解教育信息化的发展趋势和要求，积极应用信息技术改进教学方式和方法。他们能够利用信息技术手段创设生动、直观的教学情境，激发学生的学习兴趣和积极性；能够利用信息技术获取丰富的教学资源和素材，拓宽学生的知识视野和学习路径；还能够通过信息技术手段开展学生自主学习、协作学习和探究学习等新型教学模式，培养学生的创新精神和实践能力。因此，信息化素养是教师适应教育信息化发展的关键能力。

2. 创新教育教学模式和提升教学水平的重要途径

具备信息化素养的教师能够充分利用信息技术手段创新教育教学模式和提升教学水平。他们可以利用信息技术手段打破时间和空间的限制，实现远程教学和在线学习；可以利用信息技术手段构建虚拟实验室和仿真教学环境，为学生提供更加真实、直观的学习体验；还可以利用大数据和人工智能等技术手段分析学生的学习情况和需求，为个性化教学和精准辅导提供有力支持。这些创新的教育教学模式和教学水平的提升不仅能够提高教育教学质量，还能够促进学生的全面发展和个性化成长。

3. 教师专业成长和终身学习的重要支撑

信息化素养也是教师专业成长和终身学习的重要支撑。随着知识的不断更新和教育理念的不断创新，教师需要不断学习新知识、新技能以适应教育教学工作的新要求。具备信息化素养的教师能够利用信息技术手段进行高效的学习和自我提升。他们可以通过网络课程、在线研讨会等方式获取最新的教育理念和教学方法；可以利用搜索引擎、数据库等工具快速查找和获取所需的教学资源和素材；还可以利用社交媒体、教育博客等平台与其他教师进行广泛的交流与合作，分享教育教学经验和成果。这些信息技术手段的应用不仅能够提高教师的学习效率和质量，还能够促进教师队伍的整体提升和发展。同时，具备信息化素养的教师还能够更好地引导学生进行自主学习和终身学习，培养学生的自主学习能力和终身学习习惯。这对于学生的全面发展和未来社会的可持续发展都具有重要意义。

第二节　教师信息化素养的内涵与外延

一、教师信息化素养的内涵

（一）教师信息化素养的核心要素

教师信息化素养的核心要素主要包括信息意识、信息知识、信息能力和信息道德四个方面。

信息意识是教师信息化素养的基础。它要求教师对信息具有敏锐的感知力和判断力，能够主动关注信息技术的发展动态，认识到信息技术对教育教学改革的重要推动作用。只有具备了强烈的信息意识，教师才会在日常的教育教学工作中积极应用信息技术，发挥其优势，提高教学效果。

信息知识是教师信息化素养的重要组成部分。这包括了解信息技术的基本概念、原理和方法，掌握常用的信息技术工具和软件的使用方法，以及了解信息技术在教育教学中的应用模式和策略等。只有具备了扎实的信息知识，教师才能有效地将信息技术应用于教育教学中，实现信息技术与课程教学的深度融合。

信息能力是教师信息化素养的核心。它要求教师具备获取、处理、应用和创新信息的能力。具体来说，就是能够利用信息技术手段高效地获取教学资源、处理教学问题、设计教学方案和实施教学评价等。同时，教师还应具备创新信息的能力，能够利用信息技术手段创新教学模式和方法，激发学生的学习兴趣和积极性。

信息道德是教师信息化素养的重要保障。它要求教师在使用信息技术的过程中遵循相关的法律法规和伦理规范，保护知识产权和个人隐私，避免信息滥用和侵权行为的发生。同时，教师还应引导学生树立正确的信息道德观念，培养他们的信息安全意识和自律意识。

（二）教师信息化素养在教育实践中的体现

教师信息化素养在教育实践中主要体现在以下几个方面。

在教学设计方面，具备信息化素养的教师能够充分利用信息技术手段进行教学设计，制作出丰富多样的教学资源和课件，为课堂教学提供有力支持。他们能够根据学生的认知特点和学习需求，选择合适的信息技术工具和软件，设计出符合学生认知规律的教学方案。

在教学方法方面，具备信息化素养的教师能够灵活运用信息技术手段创新教学方法和模式，激发学生的学习兴趣和积极性。他们能够利用信息技术手段开展自主学习、协作学习和探究学习等新型教学模式，培养学生的创新精神和实践能力。同时，他们还能够利用信息技术手段进行差异化教学和个性化辅导，满足不同学生的学习需求。

在教学评价方面，具备信息化素养的教师能够利用信息技术手段进行多元化、过程性的教学评价。他们能够利用信息技术工具收集学生的学习数据，进行实时分析和反馈，及时调整教学策略和方法。同时，他们还能够利用信息技术手段进行学生作品的展示和评价，促进学生的交流和学习成果的共享。

二、教师信息化素养的外延

（一）教师信息化素养与学科教学的融合

教师信息化素养与学科教学的融合是教育信息化发展的重要趋势。具备信息化素养的教师能够将信息技术与学科教学深度融合，实现教学内容、教学方法和教学评价的全面创新。

在教学内容方面，教师能够利用信息技术手段获取丰富的教学资源和素材，拓宽学生的知识视野和学习路径。他们能够将最新的科研成果、行业动态和社会热点引入课堂，使教学内容更加贴近实际、贴近生活、贴近学生。

在教学方法方面，教师能够利用信息技术手段创新教学模式和方法。例如，在数学教学中，教师可以利用几何软件动态演示几何图形的变化过程，帮助学生更好地理解几何概念；在语文教学中，教师可以利用多媒体课件创设生动的教学情境，引导学生深入理解和感悟文本内容。

在教学评价方面，教师能够利用信息技术手段进行多元化、过程性的教学评价。例如，在英语教学中，教师可以利用在线测试系统实时了解学生的掌握情况，及时调整教学策略和方法；在物理实验中，教师可以利用传感器和数据采集系统实时记录实验数据，为学生的实验报告提供有力支持。

（二）教师信息化素养在教育管理、科研等方面的应用

除了与学科教学的融合外，教师信息化素养还在教育管理、科研等方面发挥着重要作用。

在教育管理方面，具备信息化素养的教师能够利用信息技术手段提高教育管理的效率和水平。他们能够利用学校信息化管理系统进行学生信息管理、课程安排、成绩统计等工作，减轻工作负担，提高工作效率。同时，他们还能够利用信息技术手段进行家校沟通和学生心理辅导等工作，促进家校合作和学生的全面发展。

在科研方面，具备信息化素养的教师能够利用信息技术手段进行科研数据的收集、处理和分析工作。他们能够利用在线数据库和搜索引擎获取最新的科研成果和行业动态信息为自己的科研工作提供有力支持。同时他们还能够利用信息技术手段进行远程协作和交流工作，与国内外同行进行广泛的合作与交流，分享科研经验和成果推动学术研究的进步和发展。此外，他们还能够利用信息技术手段进行科研成果的展示和推广工作，将自己的科研成果以多媒体形式展示出来以提高科研成果的可见度和影响力。

第三节　教师信息化素养的理论框架

一、教师信息化素养的理论基础

（一）教育信息化理论

教育信息化理论强调信息技术在教育领域的应用及其带来的教育变革。该理论认为，信息技术不仅可以作为教学辅助工具，还能够改变教育内容、教学方式和学习环境，进而推动教育模式的创新和教学效果的提升。教育信息化理

论为教师信息化素养的培养提供了理论支撑和实践指导，要求教师不仅要掌握信息技术的基本知识和技能，更要具备将信息技术与教育教学深度融合的能力。

（二）教师专业发展理论

教师专业发展理论关注教师的专业成长和发展过程，强调教师应不断更新知识结构、提升教育教学能力。在信息化背景下，教师专业发展理论更加注重对教师的信息素养和信息化教学能力的培养，认为这些是教师适应教育信息化发展的关键。通过提升信息化素养，教师可以更好地获取和利用教育资源，创新教学方式和方法，促进自身的专业发展和学生的全面发展。

（三）信息技术与课程整合理论

信息技术与课程整合理论主张将信息技术有机地融入课程教学中，实现信息技术与课程内容的深度融合。该理论认为，信息技术不仅可以作为知识呈现的工具，还可以作为学生的认知工具、情感激励工具和教学评价工具。通过信息技术与课程的整合，可以优化教学过程、提高教学效果，培养学生的信息素养和创新能力。这一理论为教师信息化素养的培养提供了实践方向和应用场景。

二、教师信息化素养的构成要素

（一）信息意识与情感

信息意识与情感是教师信息化素养的重要组成部分。它要求教师对信息具有敏锐的感知力和判断力，能够主动关注信息技术的发展动态和教育应用前景。同时，教师还应具备积极的信息情感和态度，愿意并乐于在教育教学中应用信息技术。只有具备了强烈的信息意识与情感，教师才会在日常工作中主动寻求信息技术的应用机会，发挥其优势，提高教学效果。

（二）信息知识与技能

信息知识与技能是教师信息化素养的核心要素。它包括了解信息技术的基本概念、原理和方法，掌握常用的信息技术工具和软件的使用方法，以及具备获取、处理、应用和创新信息的能力。教师应具备扎实的信息知识基础，能够灵活运用各种信息技术工具和软件进行教学设计、资源开发、教学评价等工作。同时，教师还应具备创新信息的能力，能够利用信息技术手段创新教学模式和方法，激发学生的学习兴趣和积极性。

（三）信息伦理与道德

信息伦理与道德是教师信息化素养的重要保障。它要求教师在使用信息技术的过程中遵循相关的法律法规和伦理规范，保护知识产权和个人隐私，避免信息滥用和侵权行为的发生。教师应引导学生树立正确的信息道德观念，培养他们的信息安全意识和自律意识。在信息时代，教师的信息伦理与道德水平直接关系到学生的信息安全和健康成长，因此必须予以高度重视。

（四）信息创新与应用

信息创新与应用是教师信息化素养的最高体现。它要求教师不仅能够熟练掌握和应用现有的信息技术工具和软件，还能够根据教育教学需求进行信息技术的创新应用。教师应具备探索精神和实践能力，勇于尝试新的信息技术手段和教学模式，以推动教育教学的改革和创新。同时，教师还应关注学生的个性化需求和学习差异，利用信息技术手段进行差异化教学和个性化辅导，满足不同学生的学习需求。

三、教师信息化素养的发展阶段与路径

（一）教师信息化素养的发展阶段划分

教师信息化素养的发展可以划分为初始阶段、发展阶段和成熟阶段。在初始阶段，教师对信息技术的基本概念和操作有一定了解，但缺乏实际应用经验；在发展阶段，教师开始尝试将信息技术应用于教育教学中，并逐渐积累了一定的实践经验；在成熟阶段，教师已经能够熟练掌握和应用各种信息技术手段和工具，并能够将其与教育教学深度融合，实现创新应用。

（二）教师信息化素养的提升路径与策略

要提升教师的信息化素养，可以采取以下路径与策略：一是加强信息技术培训和教育，提高教师的信息技术知识和技能水平；二是鼓励教师积极参与教育信息化实践和研究，通过实践和研究不断积累经验；三是构建良好的教育信息化环境和氛围，为教师提供信息化教学和学习的支持和服务；四是建立完善的教师信息化素养评价体系和激励机制，引导教师不断提升自身的信息化素养水平。

四、教师信息化素养的评价标准与体系

（一）教师信息化素养的评价原则与目标

教师的信息化素养评价应遵循科学性、全面性、客观性和发展性等原则。评价的目标在于了解教师的信息化素养水平和发展需求，为教师的专业发展和教育教学改革提供有力支持。通过评价，可以发现教师在信息化素养方面的优势和不足，为制订针对性的提升策略提供依据。

（二）教师信息化素养的评价内容与指标体系

教师信息化素养的评价内容应涵盖信息意识与情感、信息知识与技能、信息伦理与道德以及信息创新与应用等方面。具体的评价指标体系可以根据不同地区、不同学校的教育教学实际和教师发展需求进行制订和调整。在制订评价指标体系时，应注重指标的合理性、可操作性和可比较性。

（三）教师信息化素养的评价方法与工具

评价教师的信息化素养可以采用问卷调查、观察法、案例分析法等多种方法。问卷调查可以了解教师对信息技术的态度、应用情况和需求；观察法可以观察教师在课堂教学中对信息技术的应用情况和教学效果；案例分析法可以分析教师在教育信息化实践中的典型案例和经验做法。同时，还可以开发专门的评价工具或平台来支持教师信息化素养的评价工作。这些工具或平台可以实现自动化评分、数据分析等功能，提高评价的效率和准确性。

第七章 高校英语教师信息化素养与教学效果的关系

第一节 高校英语教学效果的评价标准与方法

一、高校英语教学效果的定义与重要性

（一）教学效果的概念界定

教学效果，简而言之，是指教学活动实施后所产生的结果。它不仅仅是对学生知识掌握的衡量，更是对学生能力提升、态度转变以及综合素质发展的全面评价。在高校英语教学中，教学效果的优劣直接关系到人才培养的质量和国际交流的能力。

具体来说，高校英语教学效果可以从以下几个方面进行界定。

（1）知识掌握程度：教学效果的首要表现是学生对英语语言知识的掌握情况，包括词汇、语法、句式等基础知识，以及听、说、读、写、译等语言技能的提升。

（2）能力培养：除了语言知识本身，教学效果还体现在学生英语应用能力的培养上，如跨文化交际能力、批判性思维能力、自主学习能力等。

（）学习态度与动机：教学效果好的英语教学能够激发学生的学习兴趣，培养积极的学习态度和长期的学习动机。

（4）综合素质发展：英语教学作为高等教育的一部分，其效果也体现在学生的全面发展上，包括人文素养的提升、国际视野的开阔以及创新精神的培养等。

（二）教学效果在教育质量评估中的作用

教学效果在教育质量评估中扮演着至关重要的角色。它是衡量教育质量的核心指标之一，也是评估教学活动是否达到预期目标的重要依据。具体来说，

教学效果在教育质量评估中的作用主要体现在以下几个方面。

（1）反映教学水平：教学效果直接反映了教师的教学水平和教学能力。通过评估教学效果，可以对教师的教学态度、教学方法、教学内容等方面进行全面而客观的评价，从而判断教师是否具备胜任教学工作的能力。

（2）指导教学改进：教学效果评估不仅是对教师工作的评价，更是对教学过程的反思和总结。通过评估结果，教师可以及时了解学生的学习情况和反馈意见，发现教学中存在的问题和不足，进而针对性地改进教学方法和手段，提高教学质量。

（3）促进学生发展：教学效果的评估不仅关注教师的教学行为，更关注学生的学习成果和发展状况。通过评估学生的学习成绩、能力提升、态度转变等方面的情况，可以判断教学活动是否真正促进了学生的全面发展，是否为学生的未来学习和生活奠定了坚实的基础。

（4）优化教育资源配置：教学效果评估还可以为教育资源的优化配置提供重要依据。通过评估不同课程、不同教师的教学效果，学校可以更加合理地分配教学资源，如教师资源、教学设施等，确保优质教学资源能够得到充分利用和发挥最大效益。

此外，在高校英语教学中，教学效果的评估还具有特殊的意义和价值。一方面，随着全球化的不断深入和国际交流的日益频繁，英语已成为国际通用语言之一。高校英语教学的质量和效果直接关系到学生的国际竞争力和未来发展前景。因此，通过评估教学效果可以更加准确地把握英语教学的现状和发展趋势，为人才培养和国际交流提供有力支持。另一方面，高校英语教学作为高等教育的重要组成部分之一，其质量和效果也直接影响到整个高等教育体系的声誉和地位。通过评估教学效果可以更加全面地了解高等教育体系中存在的问题和不足之处，为高等教育的改革和发展提供有益参考和借鉴。

二、高校英语教学效果的评价标准

（一）知识掌握程度的评价标准

在高校英语教学中，知识掌握程度是评价教学效果的基础和核心。对于学生而言，掌握扎实的英语语言知识是提升语言技能、形成良好学习态度以及培养创新思维的前提。因此，制订科学、合理的知识掌握程度评价标准至关重要。

（1）词汇与语法知识：学生应掌握课程大纲规定的词汇量，包括基础词汇和专业词汇，并能够准确运用所学语法知识进行口头和书面表达。评价时可以通过词汇测试、语法练习、作文批改等方式进行。

（2）阅读理解能力：学生应具备阅读不同难度和题材英文材料的能力，能够理解文章主旨、细节信息以及作者观点态度等。评价可以通过阅读理解测试、课堂讨论、阅读报告等方式进行。

（3）听力理解能力：学生应能够听懂不同语速和口音的英文听力材料，包括日常对话、讲座、新闻广播等，并能够准确获取关键信息。评价可以通过听力测试、听力笔记、口头复述等方式进行。

（4）口语与写作能力：学生应能够运用所学语言知识进行流利的口语表达和书面写作，包括日常交流、学术演讲、论文撰写等。评价可以通过口语测试、写作作业、论文答辩等方式进行。

（二）技能提升与应用能力的评价标准

技能提升与应用能力是高校英语教学效果评价的重要方面。英语教学不仅仅是语言知识的传授，更重要的是培养学生运用英语进行实际交流和应用的能力。因此，在评价教学效果时，需要关注学生在技能提升和应用能力方面的表现。

（1）语言技能的提升：学生在经过一段时间的英语学习后，其听、说、读、写等语言技能应得到显著提升。评价时教师可以通过对比学生入学时和学期末的技能水平，观察其进步幅度和速度。同时，也可以设置具体的技能测试任务，如口译、笔译、演讲等，来检验学生的技能掌握情况。

（2）跨文化交际能力的应用：英语教学应培养学生的跨文化交际能力，使其能够在不同文化背景下进行有效沟通。评价时教师可以通过模拟真实交际场景，观察学生在交际中的表现，如语言运用的得体性、文化差异的敏感性等。此外，也可以邀请外籍教师或留学生参与评价，增加评价的多样性和真实性。

（3）学术英语应用能力的展现：对于高校学生来说，学术英语应用能力是英语学习的重要目标之一。评价时教师可以通过考察学生在学术写作、学术演讲、文献阅读等方面的表现，来评估其学术英语应用能力。同时，也可以结合学生的专业课程学习，观察其是否能够将英语应用于专业学习和研究中。

（三）学习态度与兴趣激发的评价标准

学习态度与兴趣激发是高校英语教学效果评价中不可忽视的方面。积极的学习态度和浓厚的学习兴趣是学生持续学习、自主发展的内在动力。因此，在评价教学效果时，教师需要关注学生在学习态度和兴趣激发方面的表现。

（1）学习态度的观察：学习态度是指学生对待学习的认知和情感倾向。评价时可以通过观察学生在课堂上的表现、作业完成情况、课外学习活动等方面，来判断其学习态度是否积极。同时，也可以通过问卷调查、访谈等方式，了解学生对英语学习的看法和期望，进一步评估其学习态度。

（2）学习兴趣的激发：学习兴趣是指学生对学习内容产生的积极情感和探究欲望。评价时教师可以通过观察学生在课堂上的参与度、提问情况、课后自主学习情况等方面，来判断其学习兴趣是否被有效激发。同时，也可以通过设计趣味性强的教学活动、引入与学生生活相关的实际案例等方式，来激发学生的学习兴趣并观察其反应。

（四）创新思维与批判性思维的培养评价标准

创新思维与批判性思维是高校英语教学的重要目标之一，也是评价教学效果的重要标准。在现代社会，具备创新思维和批判性思维的人才更具竞争力和发展潜力。因此，在评价高校英语教学效果时，需要关注学生在创新思维和批判性思维方面的培养情况。

（1）创新思维的体现：创新思维是指学生在解决问题、探索新知时能够提出新颖、独特的观点和方法的思维方式。评价时教师可以通过观察学生在课堂上的发言情况、小组讨论中的贡献、课后作业中的创新性表现等方面，来判断其创新思维是否得到培养。同时，也可以通过设置开放性问题、鼓励多元化答案等方式来激发学生的创新思维并观察其反应。

（2）批判性思维的运用：批判性思维是指学生在面对信息时能够进行分析、判断、推理和评价的思维方式。评价时教师可以通过考察学生对阅读材料的理解深度、对听力材料的质疑能力、对写作内容的逻辑性和条理性等方面，来判断其批判性思维是否得到锻炼。同时，也可以通过组织课堂辩论、撰写评论性文章等方式来培养学生的批判性思维并观察其运用情况。

三、高校英语教学效果的评价方法

（一）量化评价方法：测试、问卷调查等

量化评价方法在高校英语教学效果评价中占据重要地位，它主要通过收集和分析可量化的数据来评估教学效果。这种方法具有客观性、准确性和可比较性等优点，有助于教师全面了解学生的学习情况和教学效果。

1. 测试

测试是量化评价中最常用的一种方法，包括笔试、口试、听力测试等多种形式。通过测试，教师可以了解学生对英语知识的掌握程度、语言技能的应用能力以及学习策略的运用情况等。测试成绩可以作为评价教学效果的重要依据，帮助教师发现教学中的问题和不足，进而调整教学策略和方法。

为了保证测试的有效性和可靠性，教师在设计测试题目时应遵循科学性、合理性和针对性的原则，确保题目能够真实反映学生的学习情况和教学效果。同时，教师还应对测试结果进行客观、公正的分析和解读，避免主观臆断和片面评价。

2. 问卷调查

问卷调查是另一种常用的量化评价方法，它通过向学生发放问卷，收集他们对英语教学效果的评价意见和建议。问卷调查可以覆盖更广泛的内容，包括教师的教学态度、教学方法、教学内容、教学设施等多个方面。通过问卷调查，教师可以了解学生对英语教学的整体满意度和具体需求，为改进教学提供有力支持。

在设计问卷时，教师应明确调查目的和问题，确保问题的针对性和有效性。同时，教师还应注意问卷的发放和回收方式，确保调查结果的客观性和真实性。在分析问卷数据时，教师应运用统计软件对数据进行处理和分析，提取有价值的信息和结论。

（二）质性评价方法：课堂观察、学生反馈、同行评议等

质性评价方法强调对教学过程和教学效果的深入理解和解释，它主要通过观察、描述和分析来评估教学效果。这种方法具有灵活性、深入性和全面性等优点，有助于教师深入了解学生的学习过程和内心世界。

1. 课堂观察

课堂观察是质性评价中最直接的一种方法，它要求评价者进入课堂，实地观察教师的教学行为和学生的学习表现。通过课堂观察，评价者可以了解教师的教学风格、教学策略、课堂管理等方面的情况，以及学生的参与度、互动情况和学习效果等。课堂观察的结果可以为教师提供有针对性的反馈和建议，帮助他们改进教学方法和提高教学效果。

在进行课堂观察时，评价者应遵循客观性、全面性和细致性的原则，确保观察结果的准确性和可靠性。同时，评价者还应与教师进行充分沟通和交流，共同探讨教学中的问题和解决方案。

2. 学生反馈

学生反馈是另一种重要的质性评价方法，它主要通过与学生交流、访谈或收集学生的作品等方式来了解他们对英语教学的看法和感受。学生反馈可以反映学生对教学内容、教学方法、教师态度等方面的满意度和需求，有助于教师发现教学中的问题和不足。同时，学生反馈还可以激发教师的创新意识和改进动力，推动他们不断优化教学策略和方法。

在收集学生反馈时，教师应采取多种方式相结合的方法，确保反馈信息的全面性和真实性。同时，教师还应认真倾听学生的意见和建议，积极吸纳他们的合理建议并作出改进。

3. 同行评议

同行评议是一种由同行专家对教师的教学进行评价的方法。同行专家通常具有丰富的教学经验和专业知识，能够对教师的教学进行深入的分析和评价。通过同行评议，教师可以获得来自同行的宝贵意见和建议，有助于他们发现教学中的问题和不足并寻求改进方案。同时，同行评议还可以促进教师之间的交流和合作，共同提高教学效果和质量。

在进行同行评议时，教师应选择具有丰富经验和专业知识的同行专家作为评价者，并确保评价过程的客观性和公正性。同时，教师还应认真对待同行专家的意见和建议，积极吸纳并作出改进。

（三）综合评价方法：结合量化与质性评价的优势

综合评价方法是将量化评价和质性评价相结合的一种方法，它旨在充分利用两种评价方法的优势来全面、准确地评估教学效果。综合评价方法既可以提供客观的、可比较的数据支持，又可以深入了解和解释教学过程和教学效果的内在机制。

在综合评价中，教师可以先通过量化评价方法收集和分析学生的学习成绩、问卷调查结果等数据，了解学生对英语知识的掌握程度和学习需求等情况。然后，教师可以结合质性评价方法对课堂观察、学生反馈和同行评议等信息进行深入分析和解释，发现教学中的问题和不足并寻求改进方案。最后，教师可以将量化评价和质性评价的结果相结合，得出全面、准确的教学效果评价结论。

通过综合评价方法，教师可以更加全面、深入地了解学生的学习情况和教学效果，为改进教学提供有力支持。同时，综合评价方法还可以促进教师之间的交流和合作，共同提高教学效果和质量。在实施综合评价方法时，教师应注意量化评价和质性评价的相互补充和协调配合，确保评价结果的客观性和准确性。

第二节　高校英语教师信息化素养对教学效果的影响分析

一、高校英语教师信息化素养对教学效果的直接影响

（一）教学内容丰富度与更新速度的提升

高校英语教师具备的信息化素养，对教学效果产生的首要直接影响体现在教学内容的丰富度和更新速度上。在传统的教学模式下，教师往往依赖纸质教

材和教学参考资料，内容相对固定且更新速度较慢。然而，在信息化时代，随着网络技术和数字资源的迅猛发展，教师可以借助信息技术手段获取丰富多样的教学资源，从而极大地提升教学内容的丰富度。

信息化素养使教师能够高效地从互联网上搜索和筛选与英语教学相关的最新资讯、前沿研究成果、优质教学案例等，将这些新鲜元素融入课堂，使教学内容更加贴近时代发展和学生需求。教师可以利用多媒体技术制作课件，将文字、图片、音频、视频等多种信息形式有机结合，呈现更加生动、形象的教学内容，激发学生的学习兴趣和积极性。

信息化素养还能促使教师保持对新技术和新资源的敏感性，及时关注教育技术的发展动态，不断更新自己的知识和技能。这种持续学习和自我更新的态度，确保了教学内容的时效性和前瞻性。教师可以将最新的教育技术应用于教学实践，如利用虚拟现实技术模拟英语语境，或使用在线协作工具促进学生的团队合作学习等，从而为学生提供更加先进、高效的学习体验。

（二）教学方法多样性与互动性的增强

信息化素养对高校英语教师教学方法的多样性和互动性也产生了显著影响。在传统的教学模式下，教师往往采用单一的讲授法，学生处于被动接受的状态，师生互动有限。然而，在信息化环境下，教师可以利用信息技术手段创新教学方法，实现教学方式的多样化和教学过程的互动性。

信息化素养使教师能够灵活运用多种在线教学平台和工具，如慕课、微课、翻转课堂等，打破时间和空间的限制，实现线上线下相结合的混合式教学。这种教学模式允许学生根据自己的节奏和兴趣进行自主学习，同时通过在线讨论、小组协作等方式与教师和其他同学进行互动交流，从而极大地提升了教学的互动性和学生的参与度。

信息化素养促使教师尝试采用更加以学生为中心的教学方法，如项目式学习、探究式学习等。在这些教学方法中，教师作为引导者和促进者，鼓励学生利用信息技术手段自主查找资料、解决问题、展示成果，从而培养学生的自主学习能力、批判性思维和创新能力。同时，这些教学方法也促进了师生之间的深入交流和合作，使教学过程更加生动、有趣。

（三）学生学习体验与参与度的改善

高校英语教师信息化素养的提升还直接改善了学生的学习体验和参与度。在信息化环境下，学生可以通过更加多样、便捷的方式获取学习资源和信息，同时也可以在更加宽松的环境中表达自己的观点和想法。

信息化素养使教师能够为学生提供更加丰富、个性化的学习资源。教师可以根据学生的兴趣、需求和学习风格，定制个性化的学习路径和资源包，从而满足学生的不同需求。这种个性化的学习方式使学生能够更加自主地掌控自己的学习进程，提高学习效率和满意度。

信息化素养促使教师采用更加开放、包容的教学态度，鼓励学生在课堂上发表自己的观点和看法。教师可以利用信息技术手段建立在线讨论区、学习社区等，为学生提供一个平等的交流平台。在这种环境下，学生可以更加积极地参与到教学过程中来，与教师和其他同学进行深入的交流和讨论，从而提升自己的批判性思维和沟通能力。

二、高校英语教师信息化素养对教学效果的间接影响

（一）教师专业发展与教学能力提升的促进

高校英语教师信息化素养的提升，不仅直接影响教学内容和方法，还间接促进教师的专业发展和教学能力的提升，从而间接地提高教学效果。

信息化素养是教师专业发展的重要组成部分。在信息化时代，教育技术和信息资源不断更新换代，要求教师不断学习新知识、新技能。具备信息化素养的教师能够主动适应这种变化，通过参加在线课程学习、参与教育技术研究项目等方式，不断更新自己的教育理念和教学方法，实现专业成长。这种持续的专业发展使教师能够站在学科前沿,将最新的教育理念和技术应用于教学实践，提高教学效果。

信息化素养有助于提升教师的教学能力。信息化教学要求教师具备多媒体教学资源的设计与制作能力、网络教学平台的运用与管理能力、学生在线学习的指导与监控能力等。具备这些能力的教师能够根据教学目标和学生需求，设计制作出高质量的多媒体教学资源，有效运用网络教学平台开展线上线下相结

合的混合式教学，实时监控和指导学生的在线学习，从而提高教学效果。同时，信息化素养还使教师具备更强的教学反思和评价能力，能够利用信息技术手段对教学过程和效果进行科学的分析和评价，为教学改进提供依据。

信息化素养的提升促进了教师之间的交流与合作。具备信息化素养的教师能够利用社交媒体、在线教育社区等平台与同行进行广泛的交流与合作，共享教学资源、探讨教学问题、分享教学经验。这种交流与合作不仅有助于教师拓宽教学视野、丰富教学方法和手段，还能够激发教师的创新灵感和教学热情，进一步提升教学效果。

（二）学生学习环境与资源获取的改善

高校英语教师信息化素养的提升，间接地改善了学生的学习环境和资源获取条件，为学生的学习提供了更加便捷、高效的支持。

信息化素养使教师能够为学生提供更加优质、多样的学习资源。具备信息化素养的教师能够利用网络资源、数据库等信息技术手段获取丰富的教学素材和案例，为学生提供更加真实、生动的语言学习环境。同时，教师还可以利用多媒体技术制作课件、微课等教学资源，满足学生多样化的学习需求。这些优质的学习资源不仅激发了学生的学习兴趣和积极性，还提高了学生的学习效果和质量。

信息化素养有助于改善学生的学习环境。具备信息化素养的教师能够利用信息技术手段创建虚拟教室、在线学习社区等学习环境，打破时间和空间的限制，为学生提供更加灵活、便捷的学习机会。在这种环境下，学生可以随时随地利用电脑、手机等设备进行在线学习、讨论和交流，与教师和同学保持紧密的联系和互动。这种学习环境不仅提高了学生的学习效率和学习体验，还培养了学生的自主学习能力和协作精神。

信息化素养促进了教育资源的共享和均衡分配。具备信息化素养的教师能够将优质的教育资源通过网络平台进行共享和传播，使更多的学生受益。这种资源共享不仅有助于缩小地区之间、学校之间的教育差距，还为学生的全面发展提供了更加公平、公正的机会和条件。

（三）教育创新与教育改革的推动作用

高校英语教师信息化素养的提升对教育创新和教育改革产生了积极的推动作用，为教育现代化和国际化进程注入了新的活力。

信息化素养激发了教师的创新意识和创新能力。具备信息化素养的教师能够敏锐地捕捉教育技术的发展动态和前沿趋势，结合教学实践进行教育创新。他们可以尝试采用新的教学模式、教学方法和教学手段，如翻转课堂、慕课、微课等，为学生提供更加个性化、多样化的学习体验。同时，他们还可以利用信息技术手段开展跨学科、跨领域的教学合作与研究，推动教育教学的深度融合与创新发展。

信息化素养为教育改革提供了有力支持。在信息化时代背景下，教育改革需要充分利用信息技术手段来推动教育资源的优化配置、教学模式的转型升级和教育治理的现代化。具备信息化素养的高校英语教师能够积极参与到教育改革中来，利用自己的专业知识和技能为教育改革的实施提供有益的建议和方案。他们可以参与到课程改革、教学评价改革、教育国际化改革等多个方面的工作中来，为推动教育改革的深入发展贡献自己的力量。

信息化素养促进了教育国际化进程。随着全球化的发展和国际交流的日益频繁，教育国际化已成为高等教育发展的重要趋势之一。具备信息化素养的高校英语教师能够利用信息技术手段开展跨国界的教学合作与交流活动，引进国外优质的教育资源和教学理念来丰富国内的教学内容和方法。同时他们还可以利用网络平台与国外同行进行广泛的交流与合作，共同推动教育国际化进程的发展。这种跨国界的教学合作与交流不仅有助于提升国内高校英语教育的水平和质量，还培养了学生的国际视野和跨文化交际能力，为他们未来的职业发展打下了坚实的基础。

三、案例分析：信息化素养高的高校英语教师与教学效果的关联

（一）成功案例介绍

在信息化时代背景下，高校英语教师信息化素养的提升与教学效果的增强之间存在着紧密的联系。以下是一位信息化素养高的高校英语教师（简称"A

教师"）的成功案例介绍。

A教师是一位具有多年教学经验的高校英语教师，她在教学过程中始终注重将信息技术与英语教学相结合，取得了显著的教学成果。A教师具备扎实的英语专业知识，同时熟练掌握了多种信息技术手段，如多媒体教学、网络教学平台、教育大数据分析等。她能够灵活运用这些技术手段，为学生提供更加生动、有趣、高效的英语学习体验。

在教学内容方面，A教师利用网络资源和数据库获取了丰富的英语教学素材和案例，将最新的英语新闻、电影、音乐等元素融入课堂，使教学内容更加贴近时代发展和学生需求。同时，她还利用多媒体技术制作了精美的课件和微课视频，以图文并茂、声像并茂的方式呈现英语知识，激发了学生的学习兴趣和积极性。

在教学方法方面，A教师采用了线上线下相结合的混合式教学模式。她利用在线教学平台发布学习任务、组织在线讨论和测试，鼓励学生利用课余时间进行自主学习和协作学习。在课堂上，她则采用小组讨论、角色扮演、情景模拟等多样化的教学方法，引导学生积极参与课堂活动，提高学生的英语听说能力和跨文化交际能力。

在教学评价方面，A教师利用教育大数据分析工具对学生的学习情况进行实时跟踪和评估，为每个学生提供个性化的学习反馈和建议。她还利用在线问卷调查和访谈等方式收集学生对教学的意见和建议，及时调整教学策略和方法，以满足学生的不同需求。

由于A教师具备较高的信息化素养，她能够充分利用信息技术手段创新教学模式和方法，提高教学效果和质量。她的学生在英语听说读写各方面能力都得到了显著提升，同时在学习态度、自主学习能力、协作精神等方面也表现出了积极的变化。

（二）案例中信息化素养与教学效果的关联分析

从上述成功案例可以看出，高校英语教师信息化素养的提升与教学效果的增强之间存在着密切的关联。具体表现在以下几个方面。

（1）信息化素养有助于丰富教学内容和更新教学资源。具备信息化素养的教师能够利用网络资源和数据库获取最新的英语教学素材和案例，将时代元素融入课堂，使教学内容更加生动有趣。同时，他们还可以利用多媒体技术制作精美的课件和微课视频，以更加直观形象的方式呈现英语知识，提高学生的学习兴趣和积极性。这些丰富的教学资源和内容不仅拓宽了学生的知识视野，还激发了他们的学习动力和创新精神。

（2）信息化素养有助于创新教学方法和提高教学互动性。具备信息化素养的教师能够灵活运用多种在线教学平台和工具开展线上线下相结合的混合式教学模式，打破时间和空间的限制，为学生提供更加灵活便捷的学习机会。在课堂上，他们还可以采用小组讨论、角色扮演等多样化的教学方法引导学生积极参与课堂活动，提高他们的英语听说能力和跨文化交际能力。这种创新的教学方法和互动性的提高不仅增强了学生的学习体验，还培养了他们的自主学习能力和团队协作精神。

（3）信息化素养有助于完善教学评价和提供个性化反馈。具备信息化素养的教师能够利用教育大数据分析工具对学生的学习情况进行实时跟踪和评估，为每个学生提供个性化的学习反馈和建议。这种完善的教学评价和个性化的反馈机制不仅有助于教师及时了解学生的学习情况和需求，还能够帮助他们调整教学策略和方法以更好地满足学生的不同需求。同时这种个性化的反馈也能够激发学生的学习积极性和自信心，促进他们的全面发展。

第三节　提升高校英语教师信息化素养以提高教学效果的策略

一、加强高校英语教师信息化素养的培训与教育

（一）制订针对性的培训计划与内容

在信息化时代背景下，加强高校英语教师信息化素养的培训与教育显得尤为重要。为了确保培训的有效性和针对性，首先需要制订科学合理的培训计划

和内容。

1. 调研教师需求与现状

在制订培训计划之前，高校应通过问卷调查、访谈等方式全面了解高校英语教师的信息化素养现状、存在的问题以及他们的具体需求。这样可以确保培训计划能够精准地解决教师们的实际困惑和难题。

2. 设定明确的培训目标

根据调研结果，设定清晰的培训目标，如提高教师的信息技术应用能力、增强信息技术与课程整合的能力等。每个目标都应具有可衡量性，以便后续对培训效果进行评估。

3. 制订具体的培训内容

针对设定的培训目标，制订详细的培训内容。这些内容可以包括以下几方面：

（1）基本的信息技术操作技能，如使用办公软件、制作多媒体课件等；

（2）网络教学平台的运用，如在线课程设计、学生互动管理等；

（3）教育大数据的分析与应用，如利用数据分析工具评估学生学习效果等；

（4）信息技术与英语教学的整合策略，如如何将信息技术有效地融入英语听说读写的教学中。

4. 安排合理的培训时间和进度

考虑到高校英语教师的工作特点，高校应合理安排培训时间和进度。可以选择在工作日安排集中培训，或者利用寒暑假进行分阶段的培训。同时，还应留出一定的时间供教师进行实践练习和反思。

（二）采用多样化的培训形式与手段

为了确保培训效果的最大化，高校应采用多样化的培训形式与手段。

1. 线上培训与线下培训相结合

线上培训具有时间和空间上的灵活性，可以利用在线教育平台、视频会议系统等进行远程授课和指导。线下培训则更加注重实践操作和互动交流，可以在学校或培训机构组织集中面授、工作坊等活动。将线上培训与线下培训相结合，可以充分发挥两者的优势，提高培训效果。

2. 实践操作与理论讲解相结合

在培训过程中，应注重实践操作与理论讲解的结合。高校通过理论讲解，帮助教师了解信息技术的基本原理和应用方法；通过实践操作，让教师亲身体验信息技术的魅力，提高他们的实际操作能力。

3. 案例分析与小组讨论相结合

高校可以引入一些成功的信息化教学案例进行分析和讨论，让教师从中汲取经验和教训。同时，还可以组织教师进行分组讨论，让他们结合自己的教学实践分享心得体会，相互学习，共同进步。

4. 专家引领与同伴互助相结合

邀请在信息技术教育领域具有丰富经验的专家进行授课和指导，引领教师拓宽视野、更新观念。同时，鼓励教师之间建立互助合作关系，共享教学资源、交流教学经验，形成良好的学习氛围。

（三）建立培训效果评估与反馈机制

为了确保培训的有效性和持续性，高校需要建立培训效果评估与反馈机制。

1. 制订科学的评估标准

根据培训目标和内容，制订科学的评估标准。这些标准可以包括教师的信息技术操作能力、信息技术与课程整合的能力、学生的学习效果提升情况等。

2. 采用多种评估方法

为了全面客观地评估培训效果，高校应采用多种评估方法。例如，可以通过问卷调查了解教师对培训的满意度和建议；通过测试检验教师的信息技术应用能力；通过课堂观察评价教师在实际教学中的表现等。

3. 及时反馈评估结果

评估结果应及时反馈给参加培训的教师和学校领导，以便他们了解培训效果并作出相应调整。对于表现优秀的教师高校应给予表扬和奖励，对于存在问题的教师应提供针对性的指导和帮助。

4. 持续改进培训计划

根据评估结果和反馈意见，高校对培训计划进行持续改进。可以针对教师的实际需求调整培训内容和形式，也可以引入新的培训理念和方法提高培训效果。同时，还应定期对培训计划进行审视和更新，确保其与时俱进、满足教育发展的需求。

二、构建高校英语教师信息化素养发展的支持体系

（一）提供丰富的信息化教学资源与平台

在推动高校英语教师信息化素养发展的过程中，提供丰富的教学资源和平台是至关重要的。这些资源和平台不仅能够帮助教师获取所需的教学材料，还能促进他们之间的交流与合作，从而提升教学效果。

1. 建设综合性教学资源库

为了满足高校英语教师在不同教学场景下的需求，高校应建立一个综合性的教学资源库。这个资源库可以包括多媒体课件、教学案例、习题库、在线测试系统等多种类型的教学资源。这些资源应涵盖英语教学的各个方面，如听力、口语、阅读、写作等，以便教师能够根据自己的教学需要灵活选择和使用。

2. 搭建在线教学平台

随着网络技术的不断发展，在线教学已经成为一种重要的教学模式。高校应搭建功能完善的在线教学平台，支持教师进行在线课程设计、学生管理、作业批改、在线测试等活动。这样的平台不仅可以突破时间和空间的限制，让教师能够随时随地进行教学，还能为学生提供更加便捷的学习体验。

3. 引入优质外部资源

除了内部资源的建设外，高校还应积极引入外部优质教学资源。这可以通过与其他高校、教育机构或企业建立合作关系，共享彼此的教学资源来实现。引入外部资源不仅可以丰富教学内容，还能帮助教师拓宽视野，了解最新的教学理念和方法。

4. 提供技术支持和培训

为了确保教师能够充分利用这些教学资源和平台，高校还应提供必要的技术支持和培训。这包括定期举办信息技术培训班、提供在线技术支持服务、建立教师互助交流平台等。通过这些措施，高校可以帮助教师解决在使用资源和平台过程中遇到的技术问题，提高他们的信息技术应用能力。

（二）建立教师信息化素养发展的激励机制

要推动高校英语教师信息化素养的持续发展，必须建立一套有效的激励机制。这个机制应该能够激发教师提升信息化素养的积极性和主动性，让他们在教学实践中不断探索和创新。

1. 设立奖励制度

高校可以设立专门的奖励制度，对在信息化教学方面取得突出成绩的教师进行表彰和奖励。这些奖励可以包括荣誉称号、奖金、晋升机会等，以此来激励教师积极参与信息化教学活动，提升自己的信息化素养。

2. 纳入考核体系

将教师的信息化素养纳入考核体系是另一种有效的激励方式。高校可以在教师考核标准中加入与信息化素养相关的指标，如信息技术应用能力、在线课程设计质量、学生在线学习效果等。这样可以让教师更加重视信息化素养的提升，并将其作为自己职业发展的重要方向。

3. 提供发展机会

除了物质奖励和考核激励外，高校还应为教师提供信息化素养发展的机会。这可以包括参加国内外学术会议、访问其他高校或企业进行交流学习、参与信息化教学项目等。通过这些活动，教师可以接触到最新的教学理念和技术成果，拓宽自己的知识视野和实践经验。

4. 营造良好的发展氛围

高校应营造一个良好的发展氛围，鼓励教师在信息化教学方面进行探索和创新。这可以通过举办信息化教学比赛、组织教师分享会、建立教师互助成长社群等方式来实现。在这样的氛围中，教师可以相互学习、相互启发，共同推动信息化素养的提升和发展。

（三）加强教师信息化素养的校本研修与同伴互助

校本研修和同伴互助是提升高校英语教师信息化素养的重要途径。通过这两种方式，教师可以结合自己的教学实践进行深入研究和学习，同时在互助合作中共同成长。

1. 开展针对性的校本研修活动

高校应根据教师的实际需求和教学特点，开展针对性的校本研修活动。这些活动可以围绕信息化教学的某个具体主题或问题进行深入探讨和实践，如多媒体课件制作技巧、在线教学策略、学生在线学习评价等。通过校本研修，教师可以更加深入地了解信息化教学的理念和方法，提高自己的教学能力和效果。

2. 建立教师互助成长社群

为了促进教师之间的交流与合作，高校可以建立教师互助成长社群。这个社群可以是一个线上交流平台，也可以是一个定期举办线下活动的组织。在社群中，教师可以分享自己的教学经验、教学资源和学习心得，也可以向其他教师请教问题或寻求帮助。通过互助合作，教师可以相互学习、相互启发，共同提升自己的信息化素养和教学能力。

3. 鼓励教师参与信息化教学研究项目

高校还应鼓励教师积极参与信息化教学研究项目。这些项目可以是学校内部的课题研究，也可以是与其他机构合作的研究项目。通过参与项目研究，教师可以更加深入地了解信息化教学的最新动态和发展趋势，同时也可以提高自己的科研能力和学术水平。这对于推动高校英语教师信息化素养的发展具有重要意义。

4. 定期对研修和互助活动进行评估与反馈

为了确保校本研修和同伴互助活动的有效性，高校还应定期对这些活动进行评估与反馈。评估可以包括活动参与度、教师满意度、教学效果提升情况等方面；反馈则应及时、具体地指出活动中存在的问题和不足，并提出改进建议。通过评估与反馈，可以不断完善校本研修和同伴互助的机制和内容，提高活动的针对性和实效性。

三、推动信息技术与高校英语课程教学的深度融合

随着信息技术的飞速发展，其与教育领域的融合已成为不可逆转的趋势。在高校英语课程教学中，如何推动信息技术与教学的深度融合，提升教学质量和效率，已成为摆在教育工作者面前的重要课题。

（一）鼓励教师创新信息化教学模式与方法

教师是教学活动的主体，他们的教学理念和教学方法直接影响着教学效果。因此，推动信息技术与高校英语课程教学的深度融合，首先要从教师入手，鼓励他们创新信息化教学模式与方法。

1. 培养教师的信息化教学理念

高校应加强对教师的信息化教学理念的培养，使他们充分认识到信息技术在教学中的重要性和必要性。通过举办专题讲座、组织研讨交流等方式，引导教师深入了解信息化教学的内涵和特点，激发他们在教学实践中探索信息化教学模式与方法的热情。

2. 提升教师的信息技术应用能力

教师的信息技术应用能力是实现信息化教学的前提和基础。高校应加强对教师的信息技术培训，提高他们的信息技术应用能力。培训内容可以包括常用教学软件的使用、网络资源的获取与筛选、多媒体课件的制作等。通过培训，教师能够熟练掌握各种信息技术工具，为创新信息化教学模式与方法提供技术支持。

3. 鼓励教师开展信息化教学实践

实践是检验真理的唯一标准。高校应鼓励教师积极开展信息化教学实践，将所学信息技术应用于实际教学中。可以通过设立信息化教学项目、组织信息化教学比赛等方式，为教师提供展示和交流的平台，激发他们的创新潜能和实践热情。同时，学校应给予一定的政策和经费支持，为教师的信息化教学实践提供有力保障。

4. 建立完善的激励机制

为了鼓励教师持续创新信息化教学模式与方法，高校应建立完善的激励机制。这包括设立信息化教学成果奖、将信息化教学成果纳入教师考核体系、为优秀信息化教学案例提供推广机会等。这些措施使教师在创新信息化教学模式与方法的过程中获得更多荣誉和实惠，进一步增强他们的创新动力。

（二）开展信息技术与课程教学融合的实践活动

实践活动是推动信息技术与高校英语课程教学深度融合的重要途径。实践活动可以将理论知识与实际操作相结合，使教师更加深入地了解信息技术的应用方法和效果，促进信息技术与课程教学的有机融合。

1. 设计多样化的实践活动形式

高校应根据英语课程的教学特点和需求，设计多样化的实践活动形式。这些活动可以包括课堂观摩、教学案例分析、教学设计比赛、教学反思与研讨等。这些活动使教师能够亲身体验信息技术的魅力，发现信息技术与课程教学融合的切入点和创新点。

2. 加强实践活动的组织与管理

为了确保实践活动的顺利开展和取得实效,高校应加强活动的组织与管理。这包括制订详细的活动计划、明确活动目标和要求、合理安排活动时间和地点、邀请专家进行指导和点评等。同时，学校应提供必要的资源和支持，为实践活动的顺利进行提供有力保障。

3. 注重实践活动的总结与反思

实践活动结束后，高校应组织教师对活动进行总结与反思。通过分享教学经验、交流教学心得、探讨教学问题等方式，使教师能够深入剖析自己在信息化教学方面的优点和不足，明确今后的改进方向和发展目标。同时，学校应对优秀实践活动成果进行表彰和推广，为其他教师提供借鉴和参考。

（三）推广信息技术与课程教学融合的优秀成果

总结推广优秀成果是推动信息技术与高校英语课程教学深度融合的重要环节。通过总结推广优秀成果，可以将成功的经验和做法广泛传播给更多教师，促进信息技术与课程教学的全面融合和提升。

1. 建立优秀成果评选机制

高校应建立优秀成果评选机制，定期评选出在信息技术与课程教学融合方面取得突出成绩的教师和团队。评选标准可以包括创新性、实用性、推广价值等方面。通过评选，发现并表彰一批具有示范引领作用的优秀成果。

2. 加强优秀成果的宣传与推广

评选出优秀成果后，高校应加强对它们的宣传与推广。可以通过举办成果展示会、编印成果集、在校园网站和社交媒体上发布相关信息等方式，使更多教师了解并学习这些优秀成果。同时，学校应积极向外界推广这些成果，提升学校的知名度和影响力。

3. 建立成果共享与交流平台

为了促进优秀成果的共享与交流，高校可以建立成果共享与交流平台。这个平台可以是一个线上网站或论坛，也可以是一个线下实体空间。通过这个平台，教师可以随时上传自己的教学成果和经验分享，其他教师可以浏览、下载和学习这些成果。同时，平台还可以定期组织线上或线下的交流活动，为教师提供更多互动和学习的机会。

4. 注重对优秀成果的应用与拓展

总结推广优秀成果的最终目的是为了更好地应用这些成果，推动信息技术与高校英语课程教学的深度融合。因此，高校应注重对优秀成果的应用与拓展。可以通过将优秀成果纳入教学计划、组织教师开展基于优秀成果的教学改革等方式，使这些成果在实际教学中发挥更大作用。同时，学校应鼓励教师对优秀成果进行拓展和创新，形成更多具有本校特色的教学成果。

四、建立高校英语教师信息化素养与教学效果的关联评价机制

随着信息技术的不断发展，高校英语教师的信息化素养已成为提升教学效果的关键因素之一。为了全面、客观地评价教师的信息化素养及其对教学效果的影响，建立一套科学的关联评价机制显得尤为重要。

（一）信息化素养在教学效果评价中的地位与作用

在建立关联评价机制之前，首先要明确信息化素养在教学效果评价中的地位与作用。信息化素养作为教师必备的专业素质之一，对于提高教学效果、促进学生全面发展具有重要意义。

1. 信息化素养是提升教学效果的关键因素

高校英语教师具备较高的信息化素养，能够熟练运用信息技术工具进行教学设计、资源整合、课堂互动等活动，从而有效激发学生的学习兴趣，提高教学效果。因此，将信息化素养纳入教学效果评价体系，有助于更加全面地评价教师的教学能力和水平。

2. 信息化素养有助于推动教育创新

具备较高信息化素养的教师更容易接受新的教育理念和方法，勇于尝试创新性的教学实践。他们可以利用信息技术手段拓展教学空间，丰富教学内容，为学生提供更加多样化的学习体验。因此，将信息化素养与教学效果相关联，有助于激发教师的创新潜能，推动教育教学的持续发展。

（二）科学的信息化素养与教学效果关联的评价指标

制订科学的评价指标是建立关联评价机制的核心环节。为了确保评价指标的科学性和有效性，应遵循客观性、全面性、可操作性等原则。

1. 信息化素养评价指标

信息化素养评价指标应涵盖信息技术应用能力、信息资源整合能力、信息化教学设计能力等方面。具体指标可以包括教师使用信息技术工具的熟练程度、获取和筛选网络教学资源的能力、利用信息技术进行创新性教学设计的能力等。

2. 教学效果评价指标

教学效果评价指标应关注学生的学习成果、学习体验以及教师对课堂的掌控能力等方面。具体指标可以包括学生的知识掌握情况、学习能力的提升程度、课堂互动情况、学生满意度等。

3. 关联评价指标的构建

在构建关联评价指标时，高校应将信息化素养与教学效果的各项指标进行有机结合，形成一套完整的评价体系。例如，可以通过设置权重系数的方式，将不同指标对整体评价结果的贡献程度进行量化，从而确保评价结果的客观性和准确性。

（三）定期的信息化素养与教学效果关联的评价活动

制订完科学的评价指标后，高校需要定期开展信息化素养与教学效果的关联评价活动，以确保评价机制的持续运行和不断完善。

1. 定期组织评价活动

高校应定期组织针对英语教师的信息化素养与教学效果的关联评价活动。这些活动可以每学期或每学年进行一次，以确保评价结果的时效性和准确性。评价活动可以由学校的教学管理部门负责组织实施，也可以委托第三方专业机构进行。

2. 收集和分析评价数据

在评价活动过程中,高校需要收集教师的信息化素养和教学效果相关数据。这些数据可以通过问卷调查、课堂观察、学生反馈等方式获取。收集到数据后,需要进行深入的分析和挖掘,以发现信息化素养与教学效果之间的内在联系和规律。

3. 反馈和改进评价结果

评价活动结束后,高校应及时向教师反馈评价结果,帮助他们了解自己的信息化素养和教学效果状况。同时,学校应根据评价结果对教师进行有针对性的培训和指导,帮助他们提升信息化素养和教学效果。此外,学校还应根据评价结果对关联评价机制进行不断完善和优化,以确保其持续发挥作用。

第八章　高校英语教师信息化素养与学生发展的关系

第一节　学生信息化素养的培养目标与要求

一、信息化社会对高校英语人才素养的新要求

随着信息化社会的到来，信息技术已渗透到社会生活的各个领域，社会对高等教育，特别是英语专业教育提出了新的挑战和要求。高校英语人才不仅需要具备扎实的语言基础，还需要掌握与信息化社会相适应的一系列素养。

（一）信息获取与处理能力的必要性

在信息化社会，信息已成为一种重要的资源，对于个人发展和社会进步具有决定性作用。高校英语人才作为未来社会的中坚力量，必须具备强大的信息获取与处理能力，以适应不断变化的信息环境。

1. 信息获取能力

信息获取能力是指能够有效地从各种信息源中搜集、整理和提取所需信息的能力。对于高校英语人才来说，这意味着他们不仅要能够利用传统的图书馆、资料室等资源，还要能够熟练运用互联网、数据库等现代信息技术手段，快速准确地获取英语国家的政治、经济、文化等各方面的最新信息。这种能力的培养需要高校加强信息素养教育，提高学生的信息意识和信息检索技能。

2. 信息处理能力

信息处理能力是指对获取的信息进行筛选、分析、评价和综合运用的能力。在海量信息面前，高校英语人才需要具备批判性思维，能够辨别信息的真伪、优劣和价值，将有用信息进行整合和创新性应用。这要求高校在英语教学中注

重培养学生的分析、判断、归纳和推理等逻辑思维能力，以及跨文化交际能力和批判性思维能力。

（二）信息道德与法律意识的重要性

信息化社会不仅要求高校英语人才具备高超的信息技能，还要求他们具备良好的信息道德和法律意识。这是因为信息技术的广泛应用在带来便利的同时，也带来了信息安全、信息隐私、知识产权等一系列伦理和法律问题。

1. 信息道德意识

信息道德意识是指在信息活动中应遵循的道德规范和伦理原则。高校英语人才在获取信息、处理信息和传播信息的过程中，应尊重他人的知识产权和隐私权，遵守信息保密原则，不制作、不传播虚假和有害信息。这需要高校在英语教育中融入信息道德教育，引导学生树立正确的信息价值观和道德观。

2. 法律意识

法律意识是指对法律法规的认同和遵守。在信息化社会，高校英语人才需要了解与信息技术相关的法律法规，如网络安全法、知识产权法等，确保自己的信息行为合法合规。同时，他们还应具备运用法律手段维护自身合法权益的能力。因此，高校应在英语教学中加强法律教育，提高学生的法律素养和维权意识。

（三）创新思维与信息技术应用能力的需求

信息化社会是一个不断创新和发展的社会，要求高校英语人才具备创新思维和信息技术应用能力，以适应不断变化的职业环境和社会需求。

1. 创新思维

创新思维是指能够突破传统思维模式，提出新颖、有价值的观点和方法的思维能力。对于高校英语人才来说，创新思维意味着他们能够在英语学习、文化交流和国际合作等领域中，运用所学知识解决实际问题，提出创新性的观点和方案。这需要高校在英语教学中注重培养学生的发散性思维、逆向思维和批判性思维等创新思维能力。

2. 信息技术应用能力

信息技术应用能力是指能够熟练运用现代信息技术手段进行工作、学习和交流的能力。在信息化社会，高校英语人才需要掌握常用的办公软件、网络通信工具、多媒体教学系统等信息技术工具，以提高工作效率和学习效果。此外，他们还应具备利用信息技术进行自主学习、远程协作和终身学习的能力。因此，高校应在英语教学中加强信息技术应用能力的培养，提高学生的信息素养和综合能力。

二、高校英语学生信息化素养的培养目标

随着信息化时代的快速发展，信息技术已经渗透到社会的各个领域，并对人们的生活、学习和工作产生了深远的影响。在这种背景下，高校英语教育也面临着新的挑战和机遇。为了培养出适应信息化社会的英语人才，高校需要明确英语学生信息化素养的培养目标，并采取有效的措施加以实现。

（一）培养具备基本信息知识和技能的学生

信息化素养的核心是掌握基本信息知识和技能。对于高校英语学生而言，这意味着他们不仅要具备扎实的英语语言能力，还要掌握与信息化社会相适应的一系列基本信息知识和技能。

1. 信息知识

信息知识包括信息的基本概念、信息的类型和特点、信息的传播和获取方式等方面的知识。高校英语学生需要了解信息的基本知识，如信息的定义、分类、载体等，以便更好地理解和应用信息。此外，他们还需要掌握各种类型的信息资源，如文本、图像、音频、视频等，以及各种信息传播和获取的方式，如互联网、数据库、社交媒体等。这样，他们才能有效地获取、处理和应用所需的信息。

2. 信息技能

信息技能是指运用信息技术工具进行信息检索、处理、交流和创新的能力。对于高校英语学生来说，掌握信息技能是提升学习效果和适应未来职业发展的关键。他们需要掌握常用的信息技术工具，如办公软件、搜索引擎、社交媒体等，以便高效地获取信息、处理数据、制作文档和进行在线交流。此外，他们还需要具备一定的信息创新能力，如利用信息技术进行学术研究、创意设计、

多媒体制作等，以提升自己的综合素质和竞争力。

（二）塑造具备信息道德与法律素养的公民

在信息化社会，信息的获取、传播和使用都受到道德和法律的约束。因此，高校英语学生不仅需要掌握基本信息知识和技能，还需要具备良好的信息道德和法律素养，成为遵守社会规范的合格公民。

1. 信息道德

信息道德是指在信息活动中应遵循的道德规范和伦理原则。高校英语学生在获取信息、处理信息和传播信息的过程中，应尊重他人的知识产权和隐私权，遵守信息保密原则，不制作、不传播虚假和有害信息。他们还需要具备诚信意识，不抄袭、不剽窃他人的学术成果，严格遵守学术规范。这样，他们才能树立良好的学术形象，赢得他人的尊重和信任。

2. 法律素养

法律素养是指对法律法规的认同和遵守。在信息化社会，高校英语学生需要了解与信息技术相关的法律法规，如网络安全法、知识产权法等，确保自己的信息行为合法合规。他们需要尊重他人的合法权益，不侵犯他人的商标权、著作权等知识产权，不传播违法信息。同时，他们还应具备运用法律手段维护自身合法权益的能力，如遇到网络诈骗、个人信息泄露等问题时，能够及时报警并寻求法律援助。

（三）激发创新思维，培养信息技术应用能力

信息化社会是一个不断创新和发展的社会。为了适应这种变化，高校英语学生需要具备创新思维和信息技术应用能力，以便在未来的学习和工作中不断开拓新的领域和机会。

1. 创新思维

创新思维是指能够突破传统思维模式，提出新颖、有价值的观点和方法的思维能力。对于高校英语学生来说，创新思维意味着他们能够在英语学习、文化交流和国际合作等领域中，运用所学知识解决实际问题，提出创新性的观点和方案。为了培养创新思维，高校可以鼓励学生参与各种创新实践活动，如学术科研、创意设计、创业实践等。同时，教师还可以采用启发式、讨论式等教

学方法，激发学生的学习兴趣和好奇心，引导他们主动思考和探索未知领域。

2. 信息技术应用能力

信息技术应用能力是指能够熟练运用现代信息技术手段进行工作、学习和交流的能力。对于高校英语学生来说，这意味着他们需要掌握常用的办公软件、网络通信工具、多媒体教学系统等信息技术工具。为了提高信息技术应用能力，高校可以开设相关的信息技术课程，如计算机基础、网络技术、多媒体制作等。同时，学校还可以提供丰富的信息技术资源和实践平台，如校园网、数字图书馆、在线教育平台等，供学生进行自主学习和实践操作。此外，学校还可以与企业和社会机构合作，开展实习实训、项目合作等活动，让学生在真实的环境中运用所学知识解决实际问题。

三、高校英语学生信息化素养培养的具体要求

随着信息技术的迅猛发展和广泛应用，信息化素养已成为高校英语学生必备的核心素养之一。为了有效培养高校英语学生的信息化素养，需要从课程设置与教学内容、教学方法与学习环境、评价与反馈机制等方面提出具体要求。

（一）课程设置与教学内容的要求

1. 整合信息技术与英语课程

高校应将信息技术课程与英语课程进行有机整合，确保学生在学习英语的同时，掌握必要的信息技术知识和技能。可以开设专门的信息技术与英语课程，或者在英语课程中嵌入信息技术相关内容，如使用信息技术工具进行英语听说读写训练、利用网络资源进行英语自主学习等。

2. 更新教学内容，体现信息化特色

英语教学内容应紧跟信息化时代的发展步伐，及时更新和补充与信息技术相关的内容。例如，可以引入与互联网、人工智能、大数据等相关的英语术语和篇章，让学生了解并掌握这些领域的基本概念和表达方式。同时，还可以结合具体的信息化应用场景，设计具有实际意义的英语交际任务和项目，让学生在实践中提升信息化素养。

3. 强化信息道德与法律教育

课程设置和教学内容应明确包含信息道德与法律教育的内容。高校可以通过专题讲座、案例分析、小组讨论等形式，让学生了解信息道德的基本规范和法律法规的基本要求，树立正确的信息价值观和道德观，增强法律意识和自律意识。

（二）教学方法与学习环境的要求

1. 采用多样化的教学方法

为了培养学生的信息化素养，高校英语教师应采用多样化的教学方法，如任务型教学、项目式教学、翻转课堂等。这些方法可以激发学生的学习兴趣和积极性，促使他们主动探究和解决问题。同时，教师还可以利用信息技术手段创新教学方式，如使用在线教学平台、制作多媒体教学资源等，为学生提供更加丰富多样的学习体验。

2. 构建信息化学习环境

高校应为学生提供良好的信息化学习环境，包括配备先进的信息技术设备和软件、建设数字化校园网络、打造在线学习平台等。这些设施和资源可以为学生提供便捷的信息获取和处理渠道，支持他们进行自主学习、协作学习和探究学习。此外，学校还可以与企业和社会机构合作，共同构建校外实践基地和在线学习社区，为学生提供更加广阔的学习空间和实践机会。

3. 鼓励学生参与信息化实践活动

为了培养学生的信息化应用能力，高校应鼓励学生积极参与各种信息化实践活动。这些活动可以包括学术科研、创意设计、创业实践等，旨在让学生在实践中运用所学知识解决实际问题。学校可以为学生提供必要的指导和支持，如指定导师、提供项目经费和场地等，以激发学生的创新精神和实践能力。

（三）评价与反馈机制的要求

1. 建立科学的评价体系

为了全面评估学生的信息化素养水平，高校应建立科学的评价体系。该体系应包括多个评价维度，如信息知识掌握程度、信息技能应用能力、信息道德法律意识等。同时，还应采用多种评价方式，如笔试、口试、实践操作等，以确保评价结果的客观性和准确性。此外，学校还可以引入第三方评价机构或行业专家参与评价过程，提高评价的权威性和公信力。

2. 及时反馈与调整教学策略

高校应建立及时有效的反馈机制，将评价结果及时反馈给学生和教师。对于学生而言，反馈可以帮助他们了解自己的优势和不足，明确努力方向；对于教师而言，反馈可以为他们提供教学改进的依据和建议。同时，学校还应根据评价结果对教学策略进行及时调整和优化，以确保教学目标的实现和学生信息化素养的提升。

3. 激励学生持续发展信息化素养

为了激励学生持续发展信息化素养，高校可以设立相关的奖励机制。例如，可以设立信息化素养竞赛奖项、优秀信息化作品展示平台等，对在信息化素养方面表现突出的学生进行表彰和奖励。这些措施可以增强学生的荣誉感和成就感，激发他们持续提升信息化素养的积极性和动力。

第二节　高校英语教师信息化素养对学生发展的影响分析

一、高校英语教师信息化素养对学生知识获取的影响

随着信息技术的快速发展和普及，高校英语教师的信息化素养已成为影响学生知识获取的重要因素。教师的信息化素养不仅关乎教学质量和效果，更直接关系到学生能否及时获取最新、最广泛的知识，以及能否有效利用各种信息资源促进自身的学习和发展。

（一）教学内容更新与拓展的及时性

1. 把握行业前沿，引入最新知识

具备高度信息化素养的高校英语教师能够敏锐地捕捉到教育行业和学科领域的前沿动态，及时将最新的知识、理论和研究成果引入课堂。他们通过关注

国内外学术网站、参加线上研讨会、订阅专业电子期刊等方式，不断更新自己的知识体系，确保教学内容与时俱进。这样，学生就能在课堂上接触到最新的知识，了解学科的发展趋势和前沿动态，从而拓宽视野，增强学习的时效性和针对性。

2. 灵活调整教学计划，适应信息变化

信息化素养高的教师能够根据信息的变化和学生的学习需求，灵活调整教学计划。他们利用信息技术工具收集和分析学生的学习数据，了解学生的学习进度和难点，然后针对性地调整教学内容和方法。这种及时的教学调整能够确保教学内容与学生的学习需求保持高度一致，提高教学效果和学习效率。

3. 鼓励学生自主学习，培养学生终身学习能力

具备信息化素养的教师不仅注重课堂上的知识传授，还鼓励学生利用信息技术进行自主学习。他们引导学生利用网络资源、在线课程等进行预习和复习，培养学生的自主学习能力和终身学习习惯。通过自主学习，学生能够更加主动地获取知识，提高自己的学习能力和综合素质。

（二）教学资源的多样性与丰富性

1. 利用多媒体资源，增强教学直观性

信息化素养高的教师能够熟练运用各种多媒体资源，如图片、音频、视频等，来辅助教学。他们通过制作精美的课件，展示生动的案例，播放相关的视频等方式，将抽象的知识具体化、形象化，增强学生的直观感受和理解能力。这种多媒体资源的运用不仅能够激发学生的学习兴趣和积极性，还能够提高教学效果和学习效率。

2. 挖掘网络资源，拓宽知识获取渠道

具备信息化素养的教师善于挖掘和利用网络资源来丰富教学内容。他们通过搜索引擎、学术网站、在线数据库等途径，获取大量的相关知识和信息，然后将网络资源经过筛选和整理后呈现给学生。这些网络资源不仅涵盖了课本上的基础知识，还包括了学科领域的最新研究成果和前沿动态，为学生提供了更加广阔的知识获取渠道。

3. 搭建在线学习平台，实现资源共享

信息化素养高的教师还致力于搭建在线学习平台，如网络课程网站、学习管理系统等，实现教学资源的共享和互动。他们将自己的课件、教案、习题等教学资源上传到平台上，供学生随时下载和学习。同时，他们还鼓励学生在平台上进行讨论和交流，分享自己的学习心得和成果。这种在线学习平台的搭建不仅能够打破时间和空间的限制，让学生能够随时随地获取知识和信息，还能够促进师生之间的互动和交流，提高教学效果和学习质量。

二、高校英语教师信息化素养对学生技能提升的影响

随着信息技术的迅猛发展和普及应用，高校英语教师的信息化素养在提升学生技能方面发挥着越来越重要的作用。教师的信息化素养不仅关乎知识的传授，更关乎学生能否在实践中掌握和运用信息技能，以及能否有效利用各种学习工具和平台促进自身技能的提升。

（一）信息技能培养与实践机会的提供

1. 培养学生信息检索与处理能力

具备高度信息化素养的高校英语教师能够系统地培养学生的信息检索与处理能力。他们通过课堂讲解、实践操作等方式，教授学生如何使用搜索引擎、学术数据库等信息检索工具，快速准确地获取所需信息。同时，他们还引导学生学习如何对获取的信息进行筛选、整理、归纳和分析，培养学生的批判性思维和问题解决能力。这种信息技能的培养对学生未来的学术研究和职业发展具有重要意义。

2. 提供多样化的信息技能实践机会

信息化素养高的教师善于为学生提供多样化的信息技能实践机会。他们结合课程内容和学生兴趣，设计具有实际意义的课题和项目，让学生在实践中运用所学信息技能解决实际问题。例如，教师可以布置网络调研任务，让学生利用信息技术手段收集和分析数据；或者组织团队合作项目，让学生在协作中提升信息素养和团队协作能力。这些实践机会不仅能够巩固和拓展学生的信息技能，还能够增强学生的创新意识和实践能力。

3. 引入行业专家与实战经验分享

为了进一步提升学生的信息技能水平，具备信息化素养的教师还积极引入行业专家和实战经验分享。他们邀请信息技术领域的专家进校园举办讲座或工作坊，为学生介绍最新的信息技术发展和应用趋势。同时，他们还鼓励已经在职场上取得成功的校友回校分享自己的信息化工作经验和心得。这些专家和校友的分享能够为学生提供宝贵的实战经验和职业发展建议，激励学生不断提升自己的信息技能水平。

（二）学习工具与平台使用的指导与支持

1. 教授学生使用在线学习工具与平台

信息化素养高的教师能够熟练掌握各种在线学习工具和平台的使用方法，并将其融入课堂教学中。他们通过演示和讲解的方式，教授学生如何使用在线课程网站、学习管理系统、在线协作工具等进行自主学习和协作学习。同时，他们还为学生提供必要的技术支持和辅导，确保学生能够充分利用这些工具和平台提升自己的学习效果和技能水平。

2. 定制个性化学习方案与资源推荐

具备信息化素养的教师能够根据学生的学习需求和兴趣订制个性化的学习方案与资源推荐。他们利用信息技术手段分析学生的学习数据和成绩表现，了解学生的学习风格和薄弱环节，然后针对性地推荐适合的学习资源和工具。这种个性化的学习方案与资源推荐能够帮助学生更加高效地学习和提升自己的技能水平。

3. 搭建师生互动与交流的网络空间

信息化素养高的教师还致力于搭建师生互动与交流的网络空间，如班级论坛、在线答疑平台等。他们鼓励学生在这些网络空间中发表自己的观点和疑问，与其他同学进行交流和讨论。同时，他们还积极参与学生的讨论和互动，及时回答学生的问题并提供必要的指导。这种网络空间的搭建不仅能够打破时间和空间的限制，让学生能够随时随地与老师和同学进行交流和互动，还能够促进师生之间的情感沟通和相互理解，提高教学效果和学习质量。

三、高校英语教师信息化素养对学生情感态度的影响

随着信息技术的快速发展，高校英语教师的信息化素养已成为影响学生情感态度的重要因素。教师的信息化素养不仅关乎知识的传授，更关乎能否激发学生的学习兴趣与动力，以及能否为学生营造一个积极的学习氛围与互动环境。

（一）激发学生学习兴趣与动力的作用

1. 利用信息技术创新教学方式

具备高度信息化素养的高校英语教师能够熟练运用各种信息技术创新教学方式，如利用多媒体课件、网络教学资源、在线互动平台等，将传统单一的课堂教学转变为多元化、互动性的教学模式。这种新颖的教学方式能够吸引学生的注意力，激发他们的好奇心和探索欲望，从而增强学生的学习兴趣和动力。

2. 引入丰富多样的教学资源

信息化素养高的教师能够利用网络资源引入丰富多样的教学资源，如英文电影、新闻报道、文化背景介绍等，为学生提供更加真实、生动的语言学习环境。这些教学资源不仅能够帮助学生更好地理解和掌握英语知识，还能够拓宽他们的视野，激发他们的学习兴趣。同时，教师还可以通过引导学生利用信息技术自主查找和整理学习资源，培养他们的自主学习能力和探究精神。

3. 个性化教学满足学生需求

具备信息化素养的教师能够利用信息技术手段分析学生的学习需求和兴趣点，为他们提供个性化的教学服务。例如，教师可以通过在线测试、学习轨迹分析等方式了解学生的学习进度和难点，然后针对性地调整教学内容和方法，确保教学能够满足学生的实际需求。这种个性化的教学方式能够让学生感受到教师的关注和重视，从而增强他们的学习动力和自信心。

（二）营造积极学习氛围与互动环境

1. 构建师生互动的交流平台

信息化素养高的教师能够利用信息技术手段构建师生互动的交流平台，如班级论坛、在线答疑系统、社交媒体群组等。这些平台为教师和学生提供了一个便捷、高效的交流渠道，使得师生之间的互动更加频繁和紧密。通过在这些平台上发布学习资源、分享学习心得、解答疑难问题等，教师能够为学生营造

一个积极的学习氛围和互动环境。

2. 鼓励学生之间的合作与交流

具备信息化素养的教师还鼓励学生之间的合作与交流，利用信息技术手段为他们提供协作学习的机会。例如，教师可以组织学生在线进行小组讨论、共同完成课题研究等任务，培养他们的团队协作能力和沟通能力。同时，教师还可以引导学生利用社交媒体等工具分享自己的学习成果和心得，激发他们的学习热情和创造力。

3. 及时反馈与激励增强学习信心

信息化素养高的教师能够利用信息技术手段及时反馈学生的学习情况并给予激励。他们可以通过在线测试、作业批改等方式了解学生的学习进度和效果，然后及时给予评价和建议。同时，教师还可以利用信息技术手段为学生颁发电子证书、发布优秀作业展示等，激励他们继续努力学习。这种及时反馈与激励能够增强学生的学习信心和学习动力，促进他们的全面发展。

第三节　以学生为中心，提升高校英语教师信息化素养的策略

一、了解学生需求，制订针对性的高校英语教师信息化素养提升计划

随着信息技术的快速发展，高校英语教师的信息化素养已成为影响教学质量和效果的关键因素。

（一）调研学生信息化素养现状与需求

1. 设计调研问卷与访谈提纲

为了深入了解学生的信息化素养现状与需求，首先需要设计一份调研问卷。问卷应包含关于学生信息技术使用习惯、信息获取能力、信息评价能力、信息交流与合作能力等方面的问题，以便全面了解学生的信息化素养水平。同时，

为了获取更深入的信息，还可以设计访谈提纲，对部分学生进行访谈，进一步了解他们的学习需求和对教师信息化素养的期望。

2. 实施调研并收集数据

在设计好调研问卷和访谈提纲后，需要选择合适的样本进行调研。可以通过在线问卷、纸质问卷、面对面访谈等方式收集数据。在调研过程中，应确保样本的广泛性和代表性，以便能够准确反映学生群体的真实情况。

3. 分析调研结果并总结问题

收集到数据后，需要对调研结果进行分析。通过对问卷数据的统计和分析，可以了解学生的信息化素养的整体水平以及各方面的能力分布情况；通过对访谈内容的整理和分析，可以深入了解学生的学习需求和对教师信息化素养的具体期望。在分析过程中，应注意挖掘存在的问题和不足，为制订针对性的提升计划提供依据。

（二）根据调研结果制订教师培训计划与内容

1. 确定培训目标与内容

根据调研结果分析出的问题和不足，高校可以确定教师信息化素养培训的目标和内容。培训目标应明确提升教师在信息技术应用、信息资源整合、信息化教学设计等方面的能力；培训内容应围绕这些目标展开，包括信息技术基础知识、教学资源的获取与整合、信息化教学策略与方法等。

2. 设计培训形式与时间安排

为了确保培训效果，高校需要设计多样化的培训形式。可以采用线上课程学习、线下集中培训、工作坊实践、专家讲座等多种形式进行。同时，还应合理安排培训时间，确保教师能够充分参与培训并掌握所学内容。在时间安排上，可以考虑利用寒暑假、周末等时间进行集中培训，也可以安排分散式的日常学习。

3. 实施培训计划并跟踪效果

在制订好培训目标和内容、设计好培训形式和时间安排后，高校就可以开始实施培训计划了。在实施过程中，应注意做好培训的组织和管理工作，确保教师能够按照计划顺利完成培训任务。同时，还需要对培训效果进行跟踪和评估，及时发现问题并进行改进。可以通过问卷调查、教师反馈、教学观摩等方式收集培训效果的信息，为后续的改进提供依据。

4. 不断更新培训内容与技术应用

信息技术是一个快速发展的领域，新的技术和应用不断涌现。因此，高校英语教师信息化素养提升计划也需要不断更新和完善。在制订新的培训计划时，应关注最新的信息技术发展趋势和应用前景，及时将新的内容和技术纳入培训计划中。同时，还应鼓励教师积极探索和实践新的信息化教学方法和手段，不断提高自己的信息化素养水平。

二、构建以学生为中心的高校英语教师信息化素养发展支持体系

随着教育信息化的深入推进，高校英语教师的信息化素养日益成为影响教学质量和学生学习体验的关键因素。为了有效提升教师的信息化素养，构建以学生为中心的支持体系至关重要。这一体系不仅有助于满足学生的学习需求，还能促进教师的专业发展，实现教学相长的良性循环。

（一）提供符合学生需求的教学资源与平台支持

1. 教学资源的多样化与个性化

为了满足不同学生的学习需求，高校应提供丰富多样的英语教学资源，包括电子课本、在线课程、教学视频、学习软件等。这些资源应覆盖英语学习的各个方面，如听力、口语、阅读、写作等，以支持学生的全面发展。同时，资源的选择和组合应考虑到学生的个性化需求，允许学生根据自己的兴趣、水平和学习风格进行定制，以激发学生的学习兴趣和主动性。

2. 互动性与协作性的教学平台

除了提供丰富的教学资源外，高校还应建立一个互动性强、支持协作的英语学习平台。这样的平台应具备实时交互、在线讨论、小组协作、作品展示等功能，以便于学生在课堂上进行互动交流，在课后进行自主学习和合作学习。通过平台的互动与协作，高校不仅可以提高学生英语听说读写的综合能力，还能培养团队协作和沟通能力。

3. 智能化的学习分析与反馈系统

为了帮助学生及时了解自己的学习进度和效果，高校应引入智能化的学习分析系统。该系统应能够收集和分析学生在学习过程中的数据，如学习时间、学习路径、作业成绩等，以提供精准的学习反馈和建议。同时，教师也可以通过系统了解学生的学习情况，及时调整教学策略和方法，以提供更加个性化的教学指导。

（二）建立以学生评价为主的教师信息化素养反馈机制

1. 学生评价体系的建立与完善

为了全面了解教师的信息化素养水平和教学效果，高校应建立以学生评价为主的教师信息化素养反馈机制。在这一机制中，学生评价应占据主导地位，因为学生是教学活动的直接参与者和受益者，他们对教师的教学效果和信息化素养有着最直观的感受。学校可以通过问卷调查、在线评价、座谈会等方式收集学生的评价信息，确保评价的客观性和有效性。

2. 及时反馈与持续改进

收集到学生的评价信息后，学校应及时向教师进行反馈，并督促教师根据反馈进行改进。反馈内容应包括学生在信息化教学环境下的学习体验、对教学资源和平台的使用情况、对教师信息化教学能力的评价等。学校还可以定期组织教师信息化素养培训和工作坊，帮助教师提升信息化教学能力和素养水平。

3. 激励机制的建立与完善

为了鼓励教师积极参与信息化素养的提升和教学实践的创新，高校应建立完善的激励机制。这些机制可以包括设立信息化教学成果奖、优秀教学资源奖等，以及对在信息化教学方面做出突出贡献的教师进行表彰和奖励。同时，学校还可以将教师的信息化素养水平作为职称晋升、岗位聘任等的重要依据，以激发教师提升信息化素养的积极性和主动性。

三、推动以学生为主体的高校英语信息化教学实践与活动

随着信息技术的飞速发展，高校英语教学正面临着前所未有的变革机遇。以学生为主体的高校英语信息化教学实践与活动，不仅能够激发学生的学习兴

趣和主动性,还能够有效提升他们的英语应用能力和信息素养。

(一)鼓励学生参与信息化教学设计和实施过程

1. 提升学生参与度和主人翁意识

在传统的教学模式中,学生往往只是被动地接受知识。然而,在信息化教学环境下,我们应该鼓励学生积极参与教学设计和实施过程,让他们成为学习的主人。通过参与教学设计,学生可以更加明确自己的学习目标和需求,从而更加有针对性地进行学习。同时,参与教学过程也可以让学生更加深入地理解知识,提高他们的学习效果。

为了实现这一目标,教师可以采用多种方式鼓励学生参与。例如,可以邀请学生一起制订教学计划和教学大纲,让他们对教学内容和进度有所了解;还可以组织学生进行小组讨论或角色扮演等活动,让他们在课堂上更加活跃;此外,教师还可以利用在线教学平台或社交媒体等工具,与学生进行实时互动,了解他们的学习情况和需求。

2. 培养学生的自主学习与协作能力

鼓励学生参与信息化教学设计与实施过程,还有助于培养他们的自主学习和协作能力。在参与教学设计的过程中,学生需要自己去查找资料、整理信息、制订方案等,这些活动都可以锻炼他们的自主学习能力。同时,与小组成员一起讨论、交流、合作完成任务等过程,也可以培养他们的团队协作能力和沟通能力。

为了更好地培养学生的这些能力,教师可以采用项目式学习、翻转课堂等创新教学模式。在这些模式中,学生需要以小组为单位完成一个具体的任务或项目,如制作一个英语新闻播报视频、策划一场英语演讲比赛等。在完成任务的过程中,学生不仅需要自主学习相关知识,还需要与小组成员紧密合作,共同完成任务。这样的学习过程不仅可以提升学生的英语应用能力,还可以培养他们的创新思维和解决问题的能力。

(二)开展以学生为中心的信息化教学竞赛与展示活动

1. 搭建展示平台与激励机制

为了激发学生的学习热情和创新精神,高校可以定期举办各类信息化教学竞赛与展示活动，如多媒体课件制作大赛、英语微课比赛、在线学习成果展示等。这些活动可以为学生提供一个展示自己才华和成果的舞台，同时也可以激发他们的竞争意识和进取心。

为了确保活动的顺利开展和效果，高校需要搭建完善的展示平台和激励机制。首先，可以利用学校的官方网站、社交媒体等渠道对活动进行广泛宣传，吸引更多的学生参与；其次，可以邀请业内专家或教师担任评委，对学生的作品进行客观公正的评价；最后，还可以设立丰厚的奖品和荣誉证书等奖励措施，对在竞赛中表现突出的学生进行表彰和鼓励。

2. 促进学生之间的交流与合作

信息化教学竞赛与展示活动不仅可以激发学生的个人潜能，还可以促进他们之间的交流与合作。在竞赛过程中，学生可以相互学习、借鉴彼此的优点和经验，从而提升自己的技能水平；在展示活动中，学生可以分享自己的学习成果和心得体会，增进彼此的了解和友谊。

为了促进学生之间的交流与合作，教师可以在活动过程中穿插一些互动环节或小组讨论等。例如，在多媒体课件制作大赛中，可以要求学生以团队为单位进行制作，并在制作过程中进行定期的交流和讨论；在英语微课比赛中，可以要求学生互相观看和评价彼此的作品，并提出改进意见等。这些互动环节不仅可以增加活动的趣味性和吸引力，还可以让学生在轻松愉快的氛围中收获知识和技能。

四、加强师生互动，共同提升高校英语信息化素养与应用能力

在信息技术迅猛发展的时代背景下，高校英语教学正面临着前所未有的机遇与挑战。为了提升教学质量，培养具有国际化视野和信息素养的英语人才，加强师生互动，共同提升高校英语信息化素养与应用能力显得尤为重要。

（一）利用信息技术手段加强师生互动与交流

1. 构建在线交流平台，打破时空限制

为了加强师生之间的互动与交流，高校可以构建在线交流平台，如使用学习管理系统（LMS）、社交媒体群组或专用的教学互动软件等。这些平台能够

为师生提供一个虚拟的交流空间，打破时空限制，使得师生可以在任何时间、任何地点进行实时的交流与讨论。通过在线交流平台，教师可以发布学习资源、布置作业、解答学生疑问；学生可以提交作业、分享学习心得、向教师请教问题。这种互动方式不仅可以提高学生的学习效率，还能增强师生之间的感情。

2. 利用多媒体技术丰富互动形式

除了在线交流平台外，高校还可以利用多媒体技术丰富师生互动的形式。例如，教师可以制作生动有趣的多媒体课件，将文字、图片、音频、视频等多媒体元素融合在一起，激发学生的学习兴趣；学生可以利用多媒体工具进行作品展示或汇报，提高自己的表达能力。此外，教师还可以利用虚拟现实、增强现实等先进技术为学生创造沉浸式的学习体验，让学生在互动中更加深入地理解知识。

3. 实时反馈与调整教学策略

通过信息技术手段，教师可以实时了解学生的学习情况，并根据反馈及时调整教学策略。例如，教师可以通过在线测试或练习了解学生的掌握程度，针对薄弱环节进行重点讲解；学生可以通过在线评价或问卷调查向教师反馈教学效果，帮助教师改进教学方法。这种实时反馈与调整的机制可以使教学更加具有针对性和实效性。

（二）共同探索信息化环境下的学习模式与方法创新

1. 推行混合式学习模式

在信息化环境下，高校可以推行混合式学习模式，将线上学习与线下学习相结合。在这种模式下，学生可以在课堂上听讲、讨论、实践；在课外则可以利用在线资源进行自主学习、拓展学习。混合式学习模式既可以发挥教师的主导作用，又可以体现学生的主体地位；既可以保证学习的系统性和完整性，又可以满足学生的个性化需求。

2. 倡导协作式学习方法

协作式学习方法是一种以小组为单位进行学习的方法。在信息化环境下，学生可以利用在线协作工具进行小组讨论、共同完成任务、分享学习成果等。协作式学习方法不仅可以培养学生的团队协作精神和沟通能力，还可以促进学生对知识的深入理解和应用。通过协作式学习，学生可以相互学习、相互启发、相互激励；教师可以更好地了解学生的学习情况并提供有针对性的指导。

3. 培养学生的自主学习能力

在信息化环境下，培养学生的自主学习能力尤为重要。高校可以通过设置自主学习任务、提供自主学习资源、建立自主学习评价机制等方式来培养学生的自主学习能力。例如，教师可以要求学生利用在线资源进行课前预习或课后复习；学生可以利用在线课程或教学视频进行自主学习；学校可以建立在线学习档案或学习积分制度来激励学生的自主学习行为。通过培养学生的自主学习能力，可以使他们更加适应未来社会的发展需求。

第九章 高校英语教师信息化素养与专业发展的关系

第一节 高校英语教师专业发展的内涵与重要性

随着教育改革的不断深入和全球化的持续推进，高校英语教师专业发展已成为提升教育质量、适应时代需求的关键环节。

一、教师专业发展的概念界定

（一）专业发展的定义

教师专业发展，是指教师在整个职业生涯中，通过不断学习和实践，提升教育教学能力、科研能力、社会服务能力等，从而实现自我价值和职业成长的过程。这一过程既包括教师个体的知识、技能、情感态度等方面的提升，也涉及教师群体在教育理念、教学方法、课程设置等方面的创新和进步。对于高校英语教师而言，专业发展还特别强调对语言学理论、跨文化交际知识、现代教育技术等方面的掌握和应用。

（二）教师专业发展的特点与要求

（1）持续性：教师专业发展是一个持续不断的过程，贯穿于教师的整个职业生涯。教师需要不断更新教育观念，学习新的知识和技能，以适应不断变化的教育环境和学生需求。

（2）自主性：教师专业发展强调教师的主体地位和自主意识。教师需要具备自我发展的内在动力和需求，主动规划自己的专业发展目标，选择适合自己的发展路径和方式。

（3）实践性：教师专业发展紧密围绕教育教学实践展开。教师需要在实践中不断反思、总结、提炼，将理论知识转化为实践能力，提升教育教学的实效性。

（4）合作性：教师专业发展鼓励教师之间的合作与交流。教师需要打破个体封闭的局面，积极参与教师社群、学术团队等合作形式，共享资源、分享经验、协同发展。

对于高校英语教师而言，专业发展还要求具备扎实的英语语言基础、广泛的文化知识、敏锐的跨文化交际能力、以及灵活运用现代教育技术的能力。同时，高校英语教师还需要关注学科前沿动态，积极参与学术研究，不断提升自己的学术素养和科研能力。

二、教师专业发展的重要性

（一）提升教育教学质量

教师专业发展是提升教育教学质量的关键。通过专业发展，教师可以不断更新教育观念，掌握先进的教育教学方法和手段，提升课堂教学效果和学生学习体验。同时，专业发展还有助于教师深入了解学生的需求和特点，因材施教，促进学生的全面发展和个性发展。对于高校英语教师而言，专业发展还能够提升英语课程的国际化水平和跨文化交际能力的培养效果，为培养具有国际视野的高素质人才提供有力支撑。

（二）适应教育改革与发展需求

教育改革与发展对教师提出了更高的要求和挑战。教师需要不断适应新的教育理念、课程体系、评价方式等改革举措，以更好地满足社会和学生的需求。通过专业发展，教师可以及时了解和掌握教育改革的最新动态和趋势，积极应对改革带来的挑战和机遇。对高校英语教师而言，专业发展还能够帮助他们更好地适应高等教育国际化的趋势和要求，提升自己在国际交流与合作中的能力和地位。

（三）增强教师职业幸福感与满足感

教师专业发展不仅有助于提升教育教学质量和适应教育改革需求，还能够增强教师的职业幸福感和满足感。通过不断学习和实践，教师可以不断提升自己的专业素养和能力水平，实现自我价值和社会价值的统一。同时，专业发展还能够为教师提供更多的职业发展机会和空间，增强教师的职业认同感和归属感。对高校英语教师而言，专业发展还能够提升他们的学术地位和影响力，为他们的职业发展注入新的动力和活力。

第二节　高校英语教师信息化素养在专业发展中的作用与影响

随着信息技术的迅猛发展和广泛应用，信息化素养已成为高校英语教师专业发展中不可或缺的重要素养。信息化素养不仅有助于教师获取和更新专业知识，提升教学能力，还能促进教师科研能力的提升，拓宽他们的专业成长路径。

一、信息化素养对教师专业知识的更新与拓展作用

（一）利用信息技术获取前沿教育资源

信息化素养使高校英语教师能够熟练掌握并应用信息技术工具，如搜索引擎、学术数据库、在线教育平台等，高效获取国内外前沿的教育资源。这些资源包括最新的教育教学理论、实践案例、研究成果等，有助于教师及时更新专业知识，了解学科发展动态，保持与国际接轨的教育理念。

（二）通过信息交流平台促进知识共享与创新

信息化素养还体现在教师能够积极参与各类信息交流平台，如学术论坛、社交媒体群组、在线协作平台等。在这些平台上，教师可以与同行进行深入的交流与讨论，分享教学心得、研究成果和学术观点，从而促进知识的共享与创新。这种交流不仅有助于教师拓宽专业视野，还能够激发创新思维，提升学术水平。

二、信息化素养对教师教学能力的提升作用

（一）运用信息技术优化教学设计

信息化素养使高校英语教师能够灵活运用各种信息技术工具进行教学设计。例如，利用多媒体课件制作软件创建生动有趣的课件，利用在线测试系统设计高效的课堂测验，利用虚拟现实技术为学生营造逼真的语言学习环境等。这些技术的应用不仅可以激发学生的学习兴趣和积极性，还能够提高教学效果和质量。

（二）利用信息技术创新教学方法与手段

信息化素养还鼓励高校英语教师不断探索和创新教学方法与手段。例如，尝试采用翻转课堂模式，教师让学生在课前通过在线视频或资料预习新知识，课堂上则进行深入的讨论和实践；或者运用慕课、微课等在线课程形式，为学生提供更加灵活多样的学习选择。这些创新的教学方法与手段可以更好地满足学生的学习需求，提高教学效果。

三、信息化素养对教师科研能力的促进作用

（一）利用信息技术进行科研数据收集与处理

在科研工作中，高校英语教师需要处理大量的数据和信息。信息化素养使他们能够熟练运用各种信息技术工具进行数据的收集、整理、分析和可视化呈现。例如，利用爬虫技术从网络上抓取相关研究数据，利用统计软件对数据进行深入分析和挖掘，利用可视化工具将数据以直观的形式展示出来。这些技术的应用可以大大提高科研工作的效率和质量。

（二）运用信息技术提升科研成果的传播与影响力

信息化素养还有助于高校英语教师更好地传播和推广自己的科研成果。通过学术网站、博客、微信公众号等社交媒体平台，教师可以快速地将自己的研究成果分享给更多的人，扩大影响力。同时，这些平台还可以为教师提供与同行交流的机会，促进学术合作和创新。

四、信息化素养对教师专业成长路径的拓宽作用

（一）参与在线学习共同体，拓宽学习渠道

信息化素养使高校英语教师能够积极参与各类在线学习共同体，如在线教育平台、学术社区等。在这些共同体中，教师可以与来自世界各地的同行一起学习、交流和分享经验。这种跨地域、跨文化的学习经历不仅可以拓宽教师的专业视野和知识面，还能够增强他们的跨文化交际能力和全球意识。

（二）利用信息技术进行自我反思与专业发展规划

信息化素养还体现在教师能够利用信息技术工具进行自我反思和专业发展规划等方面。例如，教师可通过撰写博客或教学日志记录自己的教学心得和成长历程；利用在线评估工具对自己的教学能力进行客观评价；通过制订电子版的个人专业发展规划明确自己的发展目标和行动路径等。这些做法可以帮助教师更加清晰地认识自己的优势和不足，为未来的专业发展制订更加合理且可行的计划。

第三节　以信息化素养促进高校英语教师专业发展的途径

一、加强高校英语教师信息化素养培训与教育

随着信息技术的快速发展和广泛应用，高校英语教师的信息化素养已成为提升教育教学质量、推动教师专业发展的重要因素。为了全面提升高校英语教师的信息化素养，高校必须制订针对性的培训计划，采用多样化的培训形式，并建立培训效果评估与反馈机制，以确保培训质量。

（一）制订针对性的信息化素养培训计划

要提高高校英语教师的信息化素养，高校首先需要制订针对性的培训计划。这些计划应该根据教师的实际需求、学科特点以及信息技术的发展趋势来制订，

确保培训内容的实用性和前瞻性。

（1）需求分析：在制订培训计划之前，需要对高校英语教师的信息化素养现状进行全面调查和分析。通过问卷调查、访谈等方式，了解教师在信息技术应用方面的需求、困惑和期望，为制订培训计划提供有力依据。

（2）目标设定：根据需求分析结果，设定明确的培训目标。这些目标应该包括提升教师的信息技术应用能力、增强信息化教学设计能力、培养教师的信息化科研能力等。同时，目标设定还需要考虑教师的个体差异，制订个性化的培训方案。

（3）内容选择：培训内容的选择应紧扣培训目标，涵盖信息技术基础知识、常用教学软件操作、网络资源获取与利用、信息化教学设计与实践等方面。此外，还需要关注新兴信息技术的发展趋势，如人工智能、大数据等，将这些内容融入培训中，提升教师的信息化素养水平。

（二）采用多样化的培训形式

为了提高培训效果，高校需要采用多样化的培训形式，以满足不同教师的需求和学习风格。

（1）线上线下结合：线上培训具有时间灵活、地点不限等优势，可以通过网络课程、在线讲座等方式进行。线下培训则更加注重实践操作和互动交流，可以通过工作坊、研讨会等形式进行。将线上线下培训相结合，可以充分发挥各自的优势，提高培训效果。

（2）工作坊：工作坊是一种以实践操作为主的培训形式，可以让教师在实践中学习、掌握信息技术应用技能。组织专题工作坊，如多媒体课件制作工作坊、在线教学平台使用工作坊等，可以让教师在专家的指导下进行实践操作，提升信息化素养。

（3）校本研修：鼓励高校英语教师积极参与校本研修活动，以学校为单位组织定期的信息化教学研讨、经验分享等活动。这种形式有助于形成教师之间的学习共同体，促进彼此之间的交流与合作。

（4）校企合作：高校可以与企业合作，共同开展信息化素养培训。企业可以提供最新的信息技术资源和实践经验丰富的导师，高校则可以提供学术支持和理论指导。这种合作形式有助于实现资源共享和优势互补。

（三）建立培训效果评估与反馈机制

为了确保培训质量，高校需要建立有效的培训效果评估与反馈机制。通过对培训过程的监控和对培训结果的评估，可以及时发现问题并进行改进，提高培训效果。

（1）过程监控：在培训过程中，高校可以通过观察、记录等方式对教师的参与情况、学习进度等进行监控。同时，还可以设置阶段性的测试或任务，以检验教师对所学内容的掌握情况。

（2）结果评估：在培训结束后，高校需要对教师的信息化素养提升情况进行全面评估。可以通过问卷调查、实践操作测试等方式进行。评估结果应该客观、公正地反映教师的实际水平，为后续培训提供有力依据。

（3）反馈与改进：根据评估结果，及时向教师提供反馈意见，指出他们在信息化素养方面的优点和不足。同时，高校还需要针对培训过程中出现的问题和不足之处进行改进和优化，以提高后续培训的质量和效果。

二、构建高校英语教师信息化素养发展的支持体系

随着信息技术的迅猛发展，高校英语教师信息化素养的提升已成为教育教学改革的重要组成部分。为了推动高校英语教师信息化素养的持续发展，构建一个全面、系统的支持体系至关重要。

（一）提供丰富的信息化教学资源与平台支持

高校英语教师信息化素养的提升离不开丰富的教学资源和先进的平台支持。为了满足教师在信息化教学方面的需求，高校应该积极整合校内外资源，为教师提供便捷、高效的教学支持。

（1）建设优质的教学资源库：高校可以联合其他教育机构、企业等，共同开发适用于英语教学的优质教学资源库。这些资源可以包括多媒体课件、教学案例、试题库等，涵盖英语教学的各个方面。通过共享这些资源，教师可以更加便捷地获取所需的教学材料，提高备课效率。

（2）搭建先进的在线教学平台：在线教学平台是现代教育的重要组成部

分，可以为教师提供灵活多样的教学方式。高校应该投入必要的资金和技术支持，搭建功能完善、操作便捷的在线教学平台。这些平台应该支持在线直播、互动讨论、作业提交等功能，满足教师在不同教学场景下的需求。

（3）提供持续的技术培训与支持：为了确保教师能够充分利用这些教学资源和平台，高校还应该提供持续的技术培训与支持。这些培训可以包括平台操作指南、教学资源使用方法等，帮助教师快速掌握相关技能。同时，高校还应该设立专门的技术支持团队，随时为教师解答在使用过程中遇到的问题。

（二）建立教师信息化素养发展的激励机制

为了激发教师提升信息化素养的积极性和主动性，高校需要建立一套完善的激励机制。这些机制应该与教师的职业发展、薪酬待遇等紧密相关，形成有效的正向激励。

（1）设立奖励制度：高校可以设立专门的信息化教学奖励制度，对在信息化教学方面取得突出成绩的教师给予表彰和奖励。这些奖励可以包括荣誉称号、奖金等，旨在激发教师的荣誉感和进取心。

（2）纳入晋升机制：高校应该将教师的信息化素养纳入晋升机制中，作为评聘职称、晋升岗位的重要依据。这样可以让教师更加明确信息化素养在职业发展中的重要性，从而更加积极地投入到相关学习和实践中。

（3）提供发展机会：除了物质奖励和晋升机会外，高校还应该为教师提供更多的发展机会。例如，可以组织教师参加国内外相关的学术会议、研讨会等，拓宽教师的学术视野和交流渠道。同时，还可以邀请行业专家来校进行讲座或工作坊，为教师提供与专家面对面交流的机会。

（三）加强教师信息化素养的校本研修与同伴互助

校本研修和同伴互助是教师专业发展的重要途径，对于提升高校英语教师信息化素养同样具有重要意义。通过这两种方式，教师可以相互学习、共同进步，形成积极向上的学习氛围。

（1）组织定期的校本研修活动：高校应该定期组织针对英语教师信息化素养的校本研修活动。这些活动可以围绕某个具体的教学主题或技术工具展开，通过专题讲座、实践操作等形式进行。在研修过程中，教师可以相互分享经验、探讨问题，共同提升信息化素养水平。

（2）建立教师学习共同体：为了进一步加强教师之间的交流与合作，高校可以鼓励教师自发组建学习共同体。这些共同体可以围绕共同的兴趣或目标展开活动，如共同研究某个教学问题、合作开发教学资源等。通过学习共同体的形式，教师可以相互支持、共同进步，形成更加紧密的学习网络。

（3）鼓励教师之间的同伴互助：同伴互助是一种有效的学习方式，可以让教师在相互帮助中共同成长。高校应该鼓励英语教师之间开展同伴互助活动，如相互听课评课、共同备课等。这些活动可以让教师更加直观地了解彼此的教学风格和优点，从而取长补短、共同提升。

三、推动信息技术与高校英语教师专业发展的深度融合

随着信息技术的快速发展，其在教育领域的应用日益广泛。对于高校英语教师而言，如何将信息技术与自身专业发展深度融合，已成为提升教学质量和科研水平的关键。

（一）鼓励教师将信息技术应用于教学实践与科研活动中

要实现信息技术与高校英语教师专业发展的深度融合，高校首先需要鼓励教师将信息技术广泛应用于教学实践与科研活动中。这不仅可以提升教师的教学效果，还可以为科研活动提供有力支持。

（1）教学实践中的应用：高校英语教师可以利用信息技术创新教学的方式与方法，如使用多媒体教学课件、在线教学平台等，为学生提供更加丰富、多样的学习资源和学习体验。同时，教师还可以利用信息技术进行学生学情分析，以便更加精准地把握学生的学习需求，制订更加个性化的教学方案。此外，信息技术还可以用于教学评估与反馈，帮助教师及时了解学生的学习情况，调整教学策略。

（2）科研活动中的应用：信息技术在高校英语教师科研活动中也发挥着重要作用。教师可以利用信息技术进行文献检索、数据分析等，提高科研效率。同时，信息技术还可以为教师提供跨时空的科研合作平台，促进学术交流和资源共享。此外，教师还可以利用信息技术将自己的科研成果进行可视化展示，

提高科研成果的传播力和影响力。

为了鼓励教师将信息技术应用于教学实践与科研活动中，高校可以制订相关政策，如设立信息技术应用奖励基金，将信息技术应用能力纳入教师考核体系等。同时，高校还可以为教师提供必要的信息技术培训和支持，帮助教师提高信息技术应用能力。

（二）开展信息技术与教师专业发展融合的实践活动与项目

高校要实现信息技术与高校英语教师专业发展的深度融合，还需要通过实践活动与项目来推动。这些活动和项目可以为教师提供实践平台，促进教师在实践中探索信息技术与专业发展的融合之道。

（1）校内实践活动：高校可以组织各类校内实践活动，如信息化教学比赛、多媒体课件制作大赛等，鼓励教师积极参与。这些活动可以让教师在实践中体验信息技术的魅力，提高信息技术应用能力。同时，这些活动还可以为教师提供展示自己才华的舞台，增强教师的自信心和成就感。

（2）校企合作项目：高校可以积极寻求与企业的合作，共同开展信息技术与教师专业发展融合的项目。这些项目可以围绕实际教学问题或科研需求展开，通过校企合作的方式，共同探索解决方案。这种合作方式可以让教师更加深入地了解行业发展趋势和市场需求，提高教师的实践能力和创新能力。

（3）国际合作项目：高校还可以积极寻求与国际合作伙伴的合作，共同开展跨国界的信息技术与教师专业发展融合项目。这些项目可以为教师提供国际视野和交流机会，促进教师在全球范围内分享经验和资源。同时，这些项目还可以推动国际间的教育合作与交流，提升高校在国际舞台上的影响力。

（三）推广信息技术与教师专业发展融合的优秀成果与经验

高校要实现信息技术与高校英语教师专业发展的深度融合，还需要及时总结推广优秀成果与经验。这些成果和经验可以为其他教师提供借鉴和参考，推动整个教师群体的专业发展。

（1）成果展示与交流：高校可以定期组织成果展示与交流活动，邀请在信息技术与教师专业发展融合方面取得突出成绩的教师进行分享。这些活动可以通过报告、研讨会、工作坊等形式进行，让更多的教师了解和学习优秀成果与经验。

（2）案例库建设：高校还可以建立信息技术与教师专业发展融合的案例库，收录优秀的实践案例和教学成果。这些案例可以按照不同的主题进行分类整理，方便教师进行检索和学习。通过案例库的建设，可以将优秀成果与经验进行系统化整理和传播。

（3）推广应用：对于具有普遍适用性和推广价值的优秀成果与经验，高校应该积极推广应用。可以通过校内培训、校外交流等方式进行推广，让更多的教师受益。同时，高校还可以将优秀成果与经验进行提炼升华，形成具有指导意义的理论成果或教学模式，为整个教育行业的发展做出贡献。

四、建立高校英语教师信息化素养与专业发展的关联评价机制

随着信息技术的快速发展，高校英语教师的信息化素养已成为其专业发展的重要组成部分。为了推动高校英语教师信息化素养与专业发展的深度融合，建立一个科学、合理的关联评价机制显得尤为重要。

（一）明确信息化素养在教师专业发展评价中的地位与作用

要建立高校英语教师信息化素养与专业发展的关联评价机制，高校首先需要明确信息化素养在教师专业发展评价中的地位与作用。信息化素养不仅是高校英语教师必备的基本技能，更是其专业发展的重要支撑。因此，在教师专业发展评价中，应该将信息化素养作为一个重要的评价指标，以衡量教师在信息技术应用、信息化教学能力等方面的水平。

同时，还需要认识到信息化素养与教师专业发展之间的相互促进关系。一方面，高校英语教师通过提升信息化素养，可以更好地运用信息技术进行教学实践和科研活动，从而提高教学质量和科研水平；另一方面，教师在专业发展过程中不断积累的知识和经验，也可以为其信息化素养的提升提供有力支持。因此，在评价教师专业发展时，应该充分考虑其信息化素养的提升情况，以全面、客观地反映教师的专业成长。

（二）制订科学的信息化素养与教师专业发展相关联评价指标

制订科学的信息化素养与教师专业发展相关联的评价指标是建立关联评价

机制的关键。这些指标应该既能够全面反映教师的信息化素养水平，又能够体现其在专业发展中的作用和价值。具体来说，可以从以下几个方面入手。

（1）信息技术应用能力：包括教师对常用教学软件、在线教学平台等信息技术的掌握程度和应用能力。这些指标可以根据教师参加信息技术培训、完成相关教学任务等情况进行量化评估。

（2）信息化教学能力：主要考察教师如何利用信息技术创新教学方式与方法，提高教学效果。这些指标可以根据教师的教学设计、课件制作、在线教学实施等情况进行评价。

（3）信息化科研能力：反映教师利用信息技术进行科研活动的能力和成果。这些指标可以根据教师的科研项目申报、论文发表、学术交流等情况进行衡量。

（4）信息化素养与专业发展的融合程度：主要评价教师在专业发展过程中如何将信息化素养与教学实践、科研活动相结合，取得的创新性成果。这些指标可以根据教师的教学改革、科研成果转化等情况进行综合评估。

（三）实施定期的信息化素养与教师专业发展相关联的评价活动

制订了科学的关联评价指标后，高校还需要实施定期的信息化素养与教师专业发展相关联的评价活动，以确保评价机制的有效运行。这些活动可以采取自我评价、同行评价、专家评价等多种方式进行，以全面、客观地了解教师的信息化素养与专业发展情况。

通过实施定期的关联评价活动，高校可以为教师的专业成长提供及时、有效的反馈与指导。一方面，评价结果可以让教师更加清晰地了解自己的信息化素养水平和在专业发展中的不足之处，从而有针对性地制订个人发展计划；另一方面，评价结果还可以为学校制订教师培训计划、优化教学资源配置等提供重要参考依据。

此外，为了确保关联评价机制的长效性和可持续性，高校还应该加强对评价结果的跟踪监测和动态调整。高校通过定期分析评价结果，及时发现并解决教师在信息化素养与专业发展方面存在的问题和困难，不断完善和优化关联评价机制。

第十章 高校英语教师信息化素养的技术支持

第一节 信息技术在英语教学中的应用现状

随着信息技术的迅猛发展，其在英语教学中的应用也日益广泛和深入。多媒体技术、网络技术、人工智能等先进技术手段的引入，为英语教学带来了革命性的变革。

一、多媒体技术在课堂教学中的应用

（一）多媒体课件的设计与使用

多媒体课件是多媒体技术在课堂教学中的主要应用形式之一。通过文字、图像、音频、视频等多种媒体元素的有机结合，多媒体课件能够生动形象地展示教学内容，激发学生的学习兴趣和积极性。在英语教学中，多媒体课件的设计与使用已成为常态。教师根据教学目标和内容需求，精心制作课件，通过丰富的视听效果帮助学生更好地理解和掌握英语知识。

（二）音视频资源在英语课堂中的角色

音视频资源是多媒体技术在英语教学中的另一重要应用。原汁原味的英语音视频资源能够为学生提供真实的语言环境，帮助他们更好地感知和模仿英语的发音、语调等语音特征。同时，音视频资源还能够直观地展示英语国家的文化和生活方式，增强学生对英语文化的认识和了解。在英语课堂中，教师可以通过播放英语电影片段、英文歌曲、新闻广播等音视频资源，创设情境，激发学生的学习兴趣，提高他们的听说能力。

（三）交互式电子白板的普及与效果

交互式电子白板是一种集书写、演示、交互等功能于一体的多媒体教学设

备。它能够实现师生之间的实时互动，提高课堂教学的效率和趣味性。在英语教学中，交互式电子白板的应用也越来越普遍。教师可以通过电子白板展示课件内容，进行书写和标注，同时还能够调用各种教学资源，如图片、音视频等，丰富教学手段。学生也可以通过电子白板进行答题、展示等操作，积极参与到课堂活动中来。交互式电子白板的普及大大提高了英语教学的互动性和实效性。

二、网络技术在英语教学中的应用

（一）在线学习平台与资源的利用

随着网络技术的快速发展，各种在线学习平台和资源如雨后春笋般涌现出来。这些平台和资源为英语教学提供了丰富的学习材料和便捷的学习方式。学生可以通过在线学习平台进行自主学习、在线测试、互动交流等操作，实现个性化的学习需求。同时，教师还可以利用在线学习平台发布作业、进行在线辅导、开展线上讨论等活动，延伸课堂教学的时间和空间。在线学习平台和资源的利用大大提高了英语教学的灵活性和多样性。

（二）网络协作工具在英语教学中的实践

网络协作工具是网络技术在教学中的又一重要应用。它们能够实现师生之间的远程协作和交流，提高教学效率和学习效果。在英语教学中，网络协作工具的应用也越来越广泛。教师可以通过网络协作工具与学生进行实时交流、答疑解惑、批改作业等操作。学生也可以利用网络协作工具进行小组讨论、共同编辑文档、分享学习心得等活动。网络协作工具的实践应用促进了师生之间的深度合作和共同发展。

（三）社交媒体在英语教学中的创新使用

社交媒体是现代社会中人们进行信息交流和互动的重要平台。在英语教学中，社交媒体的创新使用也为教学带来了新的活力。教师可以通过社交媒体发布学习资讯、分享教学资源、组织线上活动等操作，增强与学生的互动和联系。学生也可以通过社交媒体进行英语口语练习、写作表达、文化交流等活动，提高英语应用能力和跨文化交际能力。社交媒体的创新使用使得英语教学更加贴近学生的生活实际和需求。

三、人工智能与英语教学

（一）智能教学系统的引入

随着人工智能技术的不断发展，智能教学系统逐渐走进英语教学领域。这些系统能够根据学生的个性特点和学习需求，提供智能化的教学资源和学习建议。在英语教学中，智能教学系统的引入使得教学更加个性化和精准化。教师可以通过智能教学系统了解学生的学习进度和掌握情况，及时调整教学策略和方法。学生也可以通过智能教学系统获得更加适合自己的学习资源和路径建议，提高学习效果和效率。

（二）自动化评估工具的应用

自动化评估工具是人工智能技术在英语教学中的另一重要应用。这些工具能够对学生的英语学习成果进行自动化评估和分析，为教师提供更加客观、准确的教学反馈。在英语教学中，自动化评估工具的应用大大提高了评估的效率和准确性。教师可以通过自动化评估工具快速了解学生的英语水平和存在的问题，有针对性地进行辅导和指导。学生也可以通过自动化评估工具及时了解自己的学习情况和进步程度，调整学习策略和方法。

（三）个性化学习路径的设计

个性化学习路径是指根据学生的个性特点和学习需求为其量身定制的学习计划和发展轨迹。在英语教学中，人工智能技术的引入使得个性化学习路径的设计成为可能。教师可以通过分析学生的学习数据和行为特征，为其设计符合其特点的学习路径和发展规划。学生也可以根据自己的兴趣和需求选择适合自己的学习资源和活动形式。个性化学习路径的设计使得英语教学更加符合学生的个体差异和发展需求。

第二节 信息技术对高校英语教师信息化素养的支撑作用

随着信息技术的迅猛发展，其对教育行业，特别是高校教师的影响日益加深。高校英语教师作为培养学生国际视野和跨文化交际能力的重要力量，其信息化素养的高低直接关系到教学质量和效果。信息技术不仅为高校英语教师提供了丰富的教学资源和手段，还在提升他们的信息技术应用能力、促进专业发展等方面发挥了重要作用。

一、提升教师的信息技术应用能力

信息技术应用能力是高校英语教师信息化素养的核心。只有掌握了信息技术的基本技能和应用方法，教师才能有效地将其融入到教学过程中，提升教学效果。信息技术在提升高校英语教师信息技术应用能力方面发挥了重要作用，主要体现在以下三个层次。

（一）基础技能培训：办公软件、网络资源检索等

对于高校英语教师而言，掌握基本的办公软件操作和网络资源检索技能是必不可少的。信息技术为教师提供了丰富的办公软件和网络资源检索工具，如 Microsoft Office 套件、WPS Office、Google 学术搜索等。通过这些工具，教师可以更加高效地进行文档编辑、数据处理、幻灯片制作等工作，同时还能够便捷地检索和获取网络上的英语教学资源。基础技能培训的开展，不仅提高了教师的办公效率，还为他们的教学准备和资料整理提供了有力支持。

（二）进阶技能培训：多媒体教学、网络课程设计等

在掌握基本技能的基础上，高校英语教师还需要进一步提升自己的多媒体教学和网络课程设计能力。信息技术为教师提供了各种多媒体教学工具和网络课程设计平台，如 PowerPoint 演示文稿、Flash 动画制作、Moodle 在线课程管理系统等。通过这些工具和平台，教师可以制作出更加生动形象的多媒体课件和网络课程，丰富教学手段和形式。进阶技能培训的开展，有助于教师将传统的教学内容与现代信息技术相结合，创造出更加符合学生需求的教学模式和学习环境。

（三）高级技能培训：数据分析、人工智能应用等

随着大数据和人工智能技术的不断发展，高校英语教师也需要掌握这些高级技能以应对教学的新挑战。信息技术为教师提供了数据分析工具和人工智能

应用平台，如 SPSS 统计分析软件、Python 编程语言、智能教学系统等。通过这些工具和平台，教师可以对学生的学习数据进行深入挖掘和分析，了解学生的学习特点和需求，为个性化教学提供科学依据。同时，教师还可以利用人工智能技术进行智能辅导、自动评估等工作，提高教学效率和质量。高级技能培训的开展，有助于教师紧跟时代步伐，掌握最新的信息技术应用成果，为英语教学注入新的活力和创新元素。

二、为教师提供丰富的教学资源与支持

信息技术不仅提升了高校英语教师的信息技术应用能力，还为他们提供了丰富的教学资源与支持。这些资源和支持对于丰富教师的教学内容、提高教学效果具有重要意义。具体来说，信息技术在教学资源与支持方面的作用主要体现在以下几个方面。

（一）教学资源库的建设与使用

信息技术使得教学资源的获取、整理、存储和共享变得更加便捷和高效。高校可以建立统一的教学资源库，将各类英语教学资源进行分类整理并上传到库中。教师可以通过资源库快速检索和获取所需的教学资源，如课件、教案、试题、音视频素材等。同时，教师还可以将自己的教学资源上传到资源库中与其他教师共享交流。教学资源库的建设与使用大大丰富了教师的教学内容选择范围，提高了教学资源的利用率和共享程度。

（二）在线学习社区的构建与交流

信息技术为教师构建在线学习社区提供了有力支持。教师可以通过各种在线社交平台或专门的在线学习社区软件建立起自己的在线学习社区。在这个社区中，教师可以发布教学动态、分享教学经验、讨论教学问题、开展在线协作等活动。学生也可以加入到这个社区中来参与讨论和交流。在线学习社区的构建与交流为教师和学生提供了一个更加开放、互动的学习环境，促进了师生之间的深度互动和合作学习。

（三）教育云服务的提供与应用

随着云计算技术的发展和应用普及，教育云服务也逐渐成为高校英语教师

的重要支持力量。教育云服务为教师提供了在线存储、在线备课、在线授课、在线作业批改等一系列功能。教师可以通过教育云服务随时随地访问自己的教学资源和数据，实现教学的无缝衔接和高效管理。同时，教育云服务还为教师提供了强大的数据处理和分析能力，帮助他们更好地了解学生的学习情况和教学效果。教育云服务的提供与应用给高校英语教师的教学工作带来了极大的便利和效益。

三、信息技术在教师专业发展中的作用

除了提升信息技术应用能力和提供教学资源与支持外，信息技术还在高校英语教师的专业发展中发挥了重要作用。教师的专业发展是一个持续不断的过程，需要不断更新知识结构、提升教育理念、掌握新的教学方法和手段。信息技术为教师的专业发展提供了广阔的平台和丰富的资源，其具体体现在以下几个方面。

（一）在线培训与学习平台的利用

信息技术为教师提供了各种在线培训和学习平台，如中国大学 MOOC、网易云课堂、腾讯课堂等。教师可以通过这些平台参加各类在线培训课程和学习项目，学习最新的教育理念、教学方法和信息技术应用成果。同时，教师还可以根据自己的需求和兴趣选择适合自己的课程进行学习，实现个性化的专业发展。在线培训与学习平台的利用打破了时间和空间的限制，使教师能够随时随地进行学习和提升。

（二）基于数据的教学反思与决策支持

信息技术为教师的教学反思和决策提供了有力的数据支持。教师可以通过收集和分析学生的学习数据、课堂表现数据、作业成绩数据等，了解学生的学习特点和需求，评估教学效果和质量。基于这些数据的教学反思能够帮助教师更加客观地审视自己的教学过程和方法，发现存在的问题和不足，进而进行针对性的改进和优化。同时，数据还为教师的决策提供了科学依据，使他们能够更加准确地把握教学方向和目标。

（三）跨区域、跨学科的教师合作与交流

信息技术为高校英语教师之间的跨区域、跨学科合作与交流提供了可能。教师可以通过各种在线社交平台、学术论坛、博客等渠道与其他地区的教师或不同学科的教师进行交流和合作。这种交流和合作不仅能够帮助教师拓宽视野，了解不同地区和不同学科的教学实践和经验，还能够促进教学资源的共享和优势互补。跨区域、跨学科的教师合作与交流有助于推动高校英语教学的创新和发展。

第三节 未来信息技术的发展趋势及其对高校英语教学的影响

随着科技的飞速发展，信息技术正以前所未有的速度改变着人们的生活、工作和学习方式。对于高校英语教学而言，信息技术的进步不仅带来了新的教学手段和资源，还深刻影响着教学理念和方法。

一、未来信息技术的发展趋势

（一）云计算与大数据技术的深入应用

1. 云计算在高校英语教学中的优势

（1）资源共享与高效利用：通过云计算平台，教师可以轻松获取和分享教学资源，如课件、视频、音频等，实现资源的最大化利用。

（2）在线协作与实时反馈：云计算支持多人在线协作编辑文档、共享资料，教师和学生可以实时交流和反馈，提高教学效率。

（3）无缝学习与移动性：学生可以通过任何连接互联网的设备随时随地访问学习资源，实现无缝学习。

2. 大数据技术在英语教学中的应用

（1）学习行为分析：通过收集和分析学生的学习数据，如学习时间、频率、成绩等，教师可以更准确地了解学生的学习习惯和需求。

（2）精准教学决策：基于大数据分析的结果，教师可以制订更精准的教学计划和策略，以满足不同学生的个性化需求。

（3）预测与干预：大数据技术还可以预测学生的学习趋势和可能遇到的问题，以便教师及时进行干预和指导。

3. 云计算与大数据技术的结合

（1）智能推荐系统：结合云计算和大数据技术，教师可以构建智能推荐系统，根据学生的学习历史和兴趣推荐相关的学习资源。

（2）动态评估与反馈：通过实时收集和分析学生的学习数据，教师可以动态评估学生的学习效果，并提供及时的反馈和建议。

（二）人工智能与机器学习技术的创新发展

1. 人工智能在英语教学中的角色

（1）智能辅助教学系统：人工智能可以构建智能辅助教学系统，为学生提供个性化的学习路径和指导。

（2）自然语言处理：通过自然语言处理技术，人工智能可以理解和分析学生的英语表达，提供语法、词汇等方面的纠正和建议。

2. 机器学习技术在英语教学中的应用

（1）学习模式识别：机器学习技术可以识别学生的学习模式和习惯，为教师提供更准确的学习分析和预测。

（2）自适应教学：基于机器学习的自适应教学系统，教师可以根据学生的学习进度和能力调整教学内容和难度，实现个性化教学。

3. 人工智能与机器学习的结合

（1）智能导师系统：结合人工智能和机器学习技术，教师可以构建智能导师系统，为学生提供一对一的辅导和指导。

（2）情感识别与反馈：通过情感识别技术，系统可以感知学生的情绪变化，并提供相应的情感支持和反馈。

（三）虚拟现实与增强现实技术的融合应用

1. 虚拟现实在英语教学中的应用

（1）模拟真实场景：虚拟现实技术可以模拟真实的英语交际场景，如商场、机场、医院等，让学生在虚拟环境中进行角色扮演和对话练习。

（2）沉浸式学习体验：通过头戴式显示器等设备，学生可以完全沉浸在虚拟的学习环境中，提高学习兴趣和参与度。

2. 增强现实在英语教学中的应用

（1）互动教学资料：增强现实技术可以将虚拟信息叠加到现实世界中，如通过扫描课本上的图片或二维码，呈现相关的 3D 模型、视频等互动教学资料。

（2）实时翻译与注释：通过增强现实技术，学生可以在现实世界中看到实时的英语翻译和注释，帮助理解和学习。

3. 虚拟现实与增强现实的结合

（1）混合现实教学：结合虚拟现实和增强现实技术，可以构建混合现实教学环境，让学生在虚拟与现实之间自由切换和学习。

（2）跨文化交流体验：通过虚拟现实和增强现实技术，学生可以模拟与不同文化背景的人进行交流和互动，提高跨文化交际能力。

二、新技术对英语教学方式的变革

（一）智能辅助教学系统的普及与个性化学习的实现

随着科技的飞速发展，人工智能技术已经渗透到教育领域的各个方面，其中智能辅助教学系统便是其在英语教学中的一大应用。智能辅助教学系统的普及，不仅改变了传统的教学方式，更实现了个性化学习的目标。

1. 智能辅助教学系统的定义与特点

智能辅助教学系统是一种基于人工智能技术的教育工具，它能够根据学生的学习需求和特点，提供个性化的学习资源和指导。这些系统通常具备智能推荐、学习路径规划、实时反馈等功能，能够帮助学生更加高效地学习。

2. 个性化学习的实现

通过智能辅助教学系统，学生可以根据自己的兴趣、能力和学习进度，自主选择学习内容，掌握学习节奏。系统会根据学生的学习表现和需求，推荐相关的学习资源，制订个性化的学习路径。这种学习方式充分尊重了学生的主体地位，提高了学生的学习兴趣和积极性。

3. 智能辅助教学系统在英语教学中的应用

在英语教学中，智能辅助教学系统可以为学生提供丰富的英语学习资源，如单词记忆、语法练习、听力训练等。同时，系统还可以根据学生的学习表现和需求，提供针对性的学习建议和指导。例如，对于口语能力较弱的学生，系统可以推荐相关的口语练习资源，帮助学生提高口语表达能力。

4. 智能辅助教学系统的优势与挑战

智能辅助教学系统的优势在于能够实现个性化学习、提高学习效率、减轻教师负担等。然而，这些系统也面临着一些挑战，如数据隐私保护、系统准确性等问题。因此，在推广和应用智能辅助教学系统的过程中，需要充分考虑这些因素，确保系统的安全性和有效性。

（二）基于大数据的学习分析与精准教学策略的实施

大数据技术为英语教学带来了革命性的变革。通过收集和分析学生的学习数据，教师可以更加精准地了解学生的学习情况，制订符合学生需求的教学策略。

1. 大数据技术的定义与特点

大数据技术是一种能够处理海量数据的技术，它可以对数据进行收集、存储、分析和可视化等操作。在教育领域，大数据技术可以帮助教师全面了解学生的学习情况，为教学决策提供支持。

2. 基于大数据的学习分析

通过收集和分析学生的学习数据，如学习时间、学习频率、成绩等，教师可以了解学生的学习习惯、兴趣爱好和认知特点。这些数据可以为教师制订教学策略提供有力支持。

3. 精准教学策略的实施

基于大数据的学习分析，教师可以制订更加精准的教学策略。例如，对于学习基础薄弱的学生，教师可以采用更加直观、生动的教学方式，帮助学生理解知识；对于学习能力较强的学生，教师可以采用更加深入、拓展的教学内容，满足学生的求知欲。这种精准教学策略的实施，可以最大程度地发挥每个学生的潜力，提高教学效果和质量。

4. 大数据技术的挑战与展望

虽然大数据技术为英语教学带来了诸多便利，但也面临着一些挑战。例如，数据隐私保护、数据准确性等问题需要得到妥善解决。同时，随着技术的不断发展，大数据技术将在教育领域发挥更大的作用。未来，基于大数据的学习分析将更加精准、全面，为英语教学提供更加有力的支持。

（三）沉浸式学习环境与跨文化交际能力的培养

虚拟现实和增强现实技术为英语教学创造了全新的沉浸式学习环境，这种环境不仅提高了学生的英语听说能力，还培养了学生的跨文化交际意识和能力。

1. 虚拟现实与增强现实技术的定义与应用

虚拟现实技术是一种可以创建和体验虚拟世界的计算机技术，而增强现实技术则是一种将虚拟信息与真实世界巧妙融合的技术。在英语教学中，这两种技术可以为学生创造更加真实、生动的学习环境，提高学生的学习兴趣和参与度。

2. 沉浸式学习环境的创建

通过虚拟现实和增强现实技术，教师可以为学生创建各种模拟的真实场景，如商场、机场、医院等。在这些场景中，学生可以进行角色扮演、对话练习等英语交际活动，提高英语听说能力。同时，这种沉浸式学习环境还可以帮助学生更加深入地了解英语国家的文化和习俗，培养跨文化交际能力。

3. 跨文化交际能力的培养

在沉浸式学习环境中，学生可以接触到不同文化背景下的交际规范和价值观。通过与虚拟人物进行对话和交流，学生可以了解并尊重不同文化的差异，增强跨文化交际能力。这种能力的培养对于学生在全球化背景下的发展具有重要意义。

4. 虚拟现实与增强现实技术的挑战与展望

虽然虚拟现实和增强现实技术为英语教学带来了诸多便利，但也面临着一些挑战。例如，技术成本、设备普及率等问题限制了这些技术的广泛应用。然而，随着技术的不断发展和成本的降低，虚拟现实和增强现实技术将在英语教学中发挥更大的作用。未来，这些技术将更加成熟、普及，为英语教学提供更加丰富的资源和手段。

三、新技术对英语教学内容的影响

（一）语料库与数据挖掘在英语教学资源建设中的应用

在信息技术飞速发展的时代背景下，语料库与数据挖掘技术逐渐成为英语教学资源建设中不可或缺的工具，它们为英语教师提供了更加丰富、真实的语言材料，并为教学内容的选择和设计提供了科学、准确的依据。

1. 语料库的建设与应用

语料库是大量语言数据的集合，它可以用来研究语言的结构、功能和使用规律。在英语教学资源建设中，语料库的应用主要体现在以下几个方面。首先，通过语料库，教师可以获取到真实、自然的语言材料，使教学内容更加贴近实际语境；其次，语料库可以帮助学生了解语言在不同场合和领域中的使用情况，提高他们的语言应用能力；最后，通过对语料库的分析和挖掘，教师可以发现语言中的规律和趋势，为教学提供更有针对性的指导。

2. 数据挖掘技术在英语教学中的应用

数据挖掘是一种从大量数据中提取有用信息和知识的技术。在英语教学中，数据挖掘技术的应用可以帮助教师更深入地分析学生的学习情况和需求。通过对学生的学习数据、成绩记录等进行挖掘和分析，教师可以发现学生的学习难点和兴趣点，进而调整教学内容和方法。此外，数据挖掘技术还可以用于评估教学效果、优化教学资源配置等方面。

3. 语料库与数据挖掘技术对英语教学内容的深化与拓展

通过语料库和数据挖掘技术的应用，英语教学内容得到了深化和拓展。一方面，教师可以利用这些技术获取到更加丰富、真实的语言材料，使教学内容更加贴近实际语境；另一方面，这些技术可以帮助教师发现语言中的规律和特点，从而设计出更具针对性的教学方案和活动。同时，学生也可以借助这些工具进行自主学习和探究学习，提高自己的语言能力和跨文化交际能力。

（二）多模态教学资源与认知能力的培养

随着信息技术的不断发展，多模态教学资源在英语教学中的应用日益广泛。这些资源以文本、图像、音频、视频等多种形式呈现，为学生提供了更加丰富、多样的学习体验。多模态教学资源的应用不仅激发了学生的学习兴趣和积极性，更在培养学生的多元认知能力方面发挥了重要作用。

1. 多模态教学资源的定义与类型

多模态教学资源是指融合了两种或两种以上信息表达方式的教学资源。在英语教学中，常见的多模态教学资源包括图文并茂的课本、音频视频材料、交互式软件等。这些资源以直观、生动的方式呈现语言知识，有助于学生更好地理解和掌握英语。

2. 多模态教学资源在英语教学中的应用

多模态教学资源在英语教学中的应用主要体现在以下几个方面。首先，通过图像、音频、视频等辅助手段，教师可以创设更加真实、生动的语境，激发学生的学习兴趣；其次，多模态教学资源可以提供多维度的信息输入，帮助学生从不同角度理解和掌握语言知识；最后，通过交互式软件等工具的应用，学生可以进行更加自主、灵活的学习活动，提高自己的学习效率和质量。

3. 多模态教学资源与认知能力的培养

多模态教学资源在培养学生认知能力方面具有显著优势。首先，这些资源可以提供丰富的视觉和听觉刺激，有助于学生形成深刻的感知和记忆；其次，通过图像、音频、视频等多种信息呈现方式，学生可以锻炼自己的观察、分析、判断等思维能力；最后，多模态教学资源还可以培养学生的跨文化交际意识和能力，帮助他们更好地理解和适应不同的文化背景。

（三）跨文化在线交流与全球视野的拓展

在全球化日益加剧的今天，跨文化交际能力已经成为英语教育中不可或缺的一部分。跨文化在线交流作为培养学生跨文化交际能力的重要手段之一，在英语教学中发挥着越来越重要的作用。通过网络平台与世界各地的人进行实时互动和交流，学生不仅可以提高自己的英语水平，还能拓宽视野、增长见识。

1. 跨文化在线交流的意义与价值

跨文化在线交流是指借助网络技术平台进行的跨国、跨文化的实时交流活动。这种交流方式打破了时间和空间的限制，使学生能够接触到不同文化背景的人和事，从而培养他们在多元化环境中生活和工作的能力。通过跨文化在线交流，学生可以了解到不同国家和地区的文化习俗、价值观念和社会现象等，增强自己的跨文化意识和敏感度；同时也可以通过与外国友人的互动来提高自己的口语表达能力和交际技巧。

2. 跨文化在线交流在英语教学中的应用与实践

在英语教学中，跨文化在线交流的应用主要体现在以下几个方面。一是利用网络平台与外籍教师或外国学生进行实时对话练习；二是通过参与国际性的在线讨论组或论坛来发表自己的观点和见解；三是借助社交媒体平台结交外国朋友并进行深入的文化交流和互动。这些实践活动不仅可以帮助学生提高英语应用能力，还能促进他们对不同文化的理解和包容。

3. 跨文化在线交流与全球视野的拓展

跨文化在线交流对于拓展学生的全球视野具有重要意义。通过网络平台与世界各地的人进行实时互动和交流，学生可以更加直观地感受到全球化带来的机遇和挑战，同时也可以了解到不同国家和地区在教育、科技、文化等领域的发展现状和趋势。这些信息不仅可以丰富学生的知识体系，还能激发他们的创新精神和国际意识，为他们未来在国际舞台上发挥自己的才能和贡献打下坚实的基础。

四、面对新技术挑战的教师应对策略

（一）持续学习，提升技术应用与创新能力

在信息技术日新月异的今天，高校英语教师面临着前所未有的技术挑战。为了适应这种变化，教师必须持续学习，不断提升自己的技术应用与创新能力。这不仅是教师职业发展的需要，也是提高英语教学质量、培养符合时代需求的人才的关键。

1. 积极参加信息技术培训和学习活动

高校英语教师应该充分利用学校和社会提供的各种信息技术培训和学习机会，如在线教育平台、学术研讨会、工作坊等，掌握最新的信息技术应用成果和方法。这些培训和学习活动可以帮助教师了解新的教学理念、掌握新的教学工具、提高教学效果。

2. 关注教育技术发展趋势，及时更新知识和技能

教师需要密切关注教育技术的发展趋势，了解新技术在教育领域的应用前景和潜力。例如，人工智能、虚拟现实、大数据等技术正在改变传统的教学模式和方法。教师应该及时更新自己的知识和技能，将这些新技术融入英语教学中，提高教学的互动性和趣味性。

3. 培养创新意识和能力

除了掌握新的技术和方法外，教师还需要具备创新意识和能力。创新是教育发展的动力源泉，也是教师职业发展的核心竞争力。教师应该勇于尝试新的教学模式和方法，不断探索适合学生需求的教学路径。同时，教师还应该鼓励学生创新，培养他们的创新思维和实践能力。

4. 实践应用与反思总结

学习新技术和方法后，教师需要通过实践应用来检验其效果。在教学过程中，教师应该根据实际情况灵活调整教学策略，不断优化教学过程。同时，教师还应该对自己的教学实践进行反思和总结，提炼经验教训，为后续的教学提供参考。

（二）关注学生需求，设计以学生为中心的教学活动

学生是教学活动的主体，他们的需求和特点直接影响着教学效果。在新技术环境下，学生的学习方式和需求发生了深刻变化。因此，高校英语教师需要关注学生需求，设计以学生为中心的教学活动。

1. 充分了解学生的学习兴趣、认知特点和个性需求

教师应该通过问卷调查、课堂观察、个别交流等方式，深入了解学生的学习兴趣、认知特点和个性需求。这些信息可以帮助教师更好地制订教学计划和方案，选择适合学生的教学内容和方法。同时，教师还可以根据学生的不同需

求进行个性化指导，提高教学效果。

2. 设计具有趣味性和互动性的教学活动

在新技术环境下，学生更加注重学习的趣味性和互动性。因此，教师需要设计一些具有趣味性和互动性的教学活动，如角色扮演、小组讨论、在线互动等。这些活动可以激发学生的学习兴趣和积极性，提高他们的参与度和学习效果。

3. 培养学生的自主学习能力和创新意识

自主学习能力和创新意识是现代人才必备的重要素质。在教学过程中，教师应该注重培养学生的自主学习能力和创新意识。例如，教师可以布置一些开放性的作业和项目，让学生在完成过程中自主探索和创新。同时，教师还可以通过课堂讲解、小组讨论等方式培养学生的批判性思维和解决问题的能力。

4. 及时反馈与调整教学策略

在教学过程中，教师应该及时关注学生的反馈和表现，根据实际情况调整教学策略。例如，如果发现学生对某个话题或活动不感兴趣，教师可以及时调整教学内容或方法；如果发现学生的学习进度滞后或存在困难，教师可以及时提供辅导和支持。通过及时反馈与调整教学策略，教师可以更好地满足学生的需求和提高教学效果。

（三）加强同行交流，共同探索新技术环境下的英语教学模式与方法创新

面对新技术挑战，高校英语教师需要加强同行之间的交流与合作，共同探索新技术环境下的英语教学模式和方法创新。这不仅可以提高教师的专业素养和教学能力，还可以促进高校英语教学的整体发展和进步。

1. 积极参加学术研讨会和教学观摩活动

学术研讨会和教学观摩活动是教师交流学习的重要平台。通过这些活动，教师可以了解最新的教育理念和教学方法、分享自己的教学经验和心得、结交志同道合的同行朋友。因此，教师应该积极参加各类学术研讨会和教学观摩活动，拓宽自己的视野和知识面。

2. 与同行合作开展研究项目或课题

与同行合作开展研究项目或课题是教师提升专业素养和教学能力的重要途

径。通过合作研究，教师可以深入探讨某个教学问题或现象、共同寻找解决方案、形成具有创新性的研究成果。这些成果不仅可以为英语教学实践提供指导，还可以为教育理论的发展做出贡献。

3. 共同探索新技术环境下的英语教学模式和方法创新

在新技术环境下，传统的英语教学模式和方法已经难以适应学生的需求和特点。因此，教师需要共同探索新的教学模式和方法创新。例如，基于大数据技术的个性化教学、基于虚拟现实的沉浸式教学、基于人工智能的智能辅导等。这些新的教学模式和方法可以更好地满足学生的需求和提高教学效果。

4. 建立稳定的合作关系和交流机制

为了保持持续的交流与合作，教师需要建立稳定的合作关系和交流机制。例如，可以成立教学研究小组或课题组、定期召开交流会或研讨会、建立在线交流平台等。这些机制可以为教师提供持续的学习机会和支持，促进他们的专业成长和发展。同时，这些机制还可以促进高校英语教学的整体发展和进步。

第十一章 高校英语教师信息化素养提升的策略

第一节 政策支持与激励机制

一、高校英语教师信息化素养提升的政策背景与支持措施

（一）国家教育信息化政策解读

随着信息技术的迅猛发展，教育信息化已成为国家教育发展的重要战略。近年来，我国政府相继出台了一系列关于教育信息化的政策文件，旨在推动信息技术与教育教学的深度融合，提升教师的信息化素养，以适应教育发展的需求。

1. 《教育信息化十年发展规划》

该文件明确了教育信息化的发展目标、主要任务和保障措施。其中，提升教师的信息化素养被列为重要任务之一。规划指出，要加强教师的信息技术培训，提高教师应用信息技术创新教学的能力。

2. 《教育信息化 2.0 行动计划》

该行动计划提出了到 2022 年基本实现"三全两高一大"的发展目标，即教学应用覆盖全体教师，学习应用覆盖全体适龄学生，数字校园建设覆盖全体学校；信息化应用水平和师生信息素养普遍提高；建成"互联网+教育"大平台。其中，提高师生的信息素养是行动计划的核心任务之一。

3. 《关于深化教育教学改革全面提高义务教育质量的意见》

虽然该文件主要针对义务教育，但其中强调的信息化教学、教师信息素养提升等理念对高校英语教师同样具有指导意义。文件指出，要大力推进教育信

息化，促进信息技术与教育教学深度融合，提高教师运用信息技术改进教育教学的能力。

这些政策文件的出台，为高校英语教师信息化素养的提升提供了明确的指导方向和有力的政策保障。

（二）高校对教师信息化素养的政策支持

在国家教育信息化政策的引导下，各高校也积极出台相关政策措施，以提升教师的信息化素养。

1. 加强信息技术培训

许多高校将信息技术培训纳入教师职业发展的重要内容，定期组织教师进行信息技术培训和学习。这些培训包括基本的计算机操作、网络应用、多媒体教学等，旨在提高教师的信息技术应用能力和创新意识。

2. 建设信息化教学环境

高校纷纷加大投入，建设多媒体教室、网络教室、虚拟实验室等信息化教学环境，为教师开展信息化教学提供必要的硬件和软件支持。同时，高校还鼓励教师利用信息技术创新教学模式和方法，提高教学效果。

3. 制订激励政策

为了鼓励教师积极参与信息化教学和研究，高校制订了一系列激励政策。例如，将信息化教学成果纳入教师职称评定、岗位晋升的考核指标；设立信息化教学奖项，表彰在信息化教学方面做出突出贡献的教师等。

（三）激励机制的建立与完善

激励机制是提升高校英语教师信息化素养的重要保障。通过建立和完善激励机制，可以激发教师提升信息化素养的积极性和主动性。

1. 物质激励

高校可以设置信息化教学津贴、奖励基金等物质激励措施，对在信息化教学方面取得优异成绩的教师给予一定的经济奖励。这种物质激励可以直接提高教师的收入水平，从而激发他们提升信息化素养的动力。

2. 精神激励

除了物质激励外，精神激励同样重要。高校可以通过颁发荣誉证书、举办表彰大会等方式，对在信息化教学方面做出突出贡献的教师进行表彰和宣传。这种精神激励可以增强教师的荣誉感和归属感，进一步激发他们提升信息化素养的热情。

3. 职业发展激励

高校还可以将信息化素养作为教师职业发展的重要指标之一，将其纳入职称评定、岗位晋升等考核体系。这样，教师就会更加重视信息化素养的提升，将其视为自身职业发展的必由之路。同时，高校还可以为在信息化教学方面表现突出的教师提供更多的职业发展机会和平台，如参加国内外学术交流会议、承担重要研究项目等。

二、政策在高校英语教师信息化素养提升中的作用

（一）政策导向对教师发展的引领作用

政策作为国家和地方管理社会、经济、文化等事务的重要手段，对于高校英语教师信息化素养的提升起着至关重要的引领作用。通过制订和实施相关政策，政府和教育主管部门能够明确教师信息化素养提升的方向和目标，引导高校英语教师朝着既定的方向发展。

1. 明确发展方向

教育信息化政策通常会明确提出教师信息化素养提升的具体要求和目标，如掌握基本的信息技术操作技能、能够运用信息技术创新教学模式和方法等。这些要求和目标为高校英语教师指明了发展方向，使他们能够有针对性地提升自身的信息化素养。

2. 引导教师转变观念

政策的出台往往伴随着新的教育理念和教学模式的推广。通过政策的宣传和实施，政府和教育主管部门能够引导高校英语教师转变传统的教育观念，树立与信息化时代相适应的教学理念，从而更加积极地投身于信息化素养的提升过程中。

3. 规范教师行为

政策不仅具有引导作用，还具有规范作用。通过制订相关政策和规章制度，

政府和教育主管部门能够规范高校英语教师在信息化素养提升过程中的行为，确保他们按照既定的要求和标准进行学习和实践。这种规范性作用有助于保障教师信息化素养提升的质量和效果。

（二）政策资源对教师成长的支撑作用

政策资源是指政府和教育主管部门为提升教师信息化素养所提供的各种物质和非物质资源。这些资源对于高校英语教师的成长和发展起着重要的支撑作用。

1. 提供经费支持

政府和教育主管部门通常会设立专项经费，用于支持高校英语教师的信息化素养提升工作。这些经费可以用于购买相关的教学设备和软件、组织教师参加信息技术培训和学习活动等。经费的支持为教师信息化素养的提升提供了必要的物质保障。

2. 建设信息化教学平台

政府和教育主管部门还会积极推动信息化教学平台的建设，如在线教育平台、教学资源库等。这些平台为教师提供了丰富的教学资源和便捷的教学工具，有助于他们更好地开展信息化教学和研究工作。同时，这些平台还为教师之间的交流与合作提供了便利条件，促进了教师之间的知识共享和经验交流。

3. 提供培训和学习机会

政府和教育主管部门会定期组织各类信息技术培训和学习活动，如研讨会、工作坊等。这些培训和学习活动为教师提供了学习新知识、掌握新技能的机会，有助于他们不断提升自身的信息化素养和教学能力。同时，通过参加这些活动，教师还能够结识更多的同行和朋友，拓宽自己的视野和知识面。

（三）政策环境对教师创新的促进作用

良好的政策环境能够为高校英语教师创新教学模式和方法提供有力的支持和保障，进而促进他们信息化素养的提升。

1. 鼓励创新实践

教育信息化政策通常会鼓励教师积极探索和创新信息化教学模式及方法。通过设立创新项目、举办创新大赛等方式，政府和教育主管部门能够激发教师的创新热情和实践动力，推动他们在信息化教学方面取得更多的成果和突破。

2. 提供创新资源

为了支持教师的创新实践，政府和教育主管部门还会提供各种创新资源，如创新基金、实验设备等。这些资源能够为教师的创新实践提供必要的物质支持和条件保障，降低他们的创新风险和成本。

3. 营造创新氛围

除了提供物质支持外，政府和教育主管部门还会积极营造有利于创新的氛围和环境。通过举办创新交流活动、建立创新合作机制等方式，他们能够促进教师之间的交流与合作，形成共同创新、共同发展的良好局面。这种创新氛围的营造有助于激发教师的创新思维和灵感，推动他们在信息化教学方面取得更多的创新性成果。

第二节　高校英语教师培训与自我发展路径

一、高校英语教师培训体系的构建

随着教育信息化的推进和高等教育国际化的加速，高校英语教师的专业发展面临前所未有的机遇和挑战。为提升高校英语教师的整体素质，满足英语教育的需求，构建一套科学、系统的高校英语教师培训体系显得尤为迫切。

（一）培训内容的选择与设计

培训内容的选择与设计是培训体系构建的核心。高校英语教师的培训内容应紧扣教师的专业发展需求和英语教学的时代要求，注重理论与实践的结合，以及知识与技能的融合。

（1）教育教学理论知识：培训内容应涵盖现代教育教学理念、教育学、心理学、语言教学理论等基础知识，帮助教师树立正确的教育观念，掌握科学的教学方法。

（2）英语专业技能知识：针对高校英语教师的专业特点，培训内容应涉及英语语言学、英美文学、跨文化交际等领域的知识，提升教师的专业素养和语言运用能力。

（3）教育技术应用能力：随着信息技术在教育领域的广泛应用，培训内容应关注多媒体教学、网络教学、教学软件应用等教育技术，提高教师运用现代教育技术优化教学过程的能力。

（4）教育研究与创新能力：培训内容应激发教师的科研意识，培养教师的学术素养和创新能力，引导教师参与教育教学改革和研究，形成自我发展和持续学习的能力。

（二）培训形式的创新与多样性

培训形式的创新与多样性是提升培训效果的关键。高校英语教师培训应采用多种形式，满足教师不同层次的需求，激发教师的参与热情和学习兴趣。

（1）集中式培训：通过组织专家讲座、学术研讨会等形式，高校对教师进行集中授课和指导，传授新理论、新知识、新技术。

（2）分散式培训：结合教师的教学实际，开展小组研讨、教学观摩、课例研究等活动，鼓励教师在实践中学习、在反思中成长。

（3）网络远程培训：借助现代信息技术手段，如在线课程、教育博客、教学论坛等，打破时空限制，实现资源共享和互动交流，满足教师个性化学习需求。

（4）校企合作培训：高校与企业或行业合作，共同开展英语教师培训项目，引入行业标准和市场需求，提升教师的实践能力和职业素养。

（三）培训效果的评估与反馈

培训效果的评估与反馈是培训体系持续改进和完善的重要环节。通过科学的评估机制和有效的反馈系统，高校可以及时了解培训效果，发现问题并作出调整。

（1）评估标准的制订：结合培训目标和内容，制订具体的评估标准，包括知识掌握、技能提升、态度转变等方面，确保评估的全面性和客观性。

（2）评估方法的选择：采用问卷调查、教学观摩、课例分析、教学反思等多种方法，收集教师对培训活动的评价和反馈意见，了解培训效果的真实情况。

（3）反馈机制的建立：建立畅通的反馈渠道和及时的信息处理机制，将评估结果反馈给参与培训的教师和管理人员，以便他们了解培训效果并针对存在的问题进行改进。

（4）持续改进与完善：根据评估结果和反馈意见，对培训体系进行持续改进和完善，优化培训内容、调整培训形式、提升培训质量，以满足高校英语教师不断发展的需求。

二、高校英语教师自我发展路径的探索

随着教育改革的不断深入和全球化进程的加速，高校英语教师面临着前所未有的挑战和机遇。为了适应教育需求，提升自身的专业素养和教学能力，高校英语教师需要积极探索自我发展的路径。

（一）自主学习与在线学习资源的利用

自主学习是高校英语教师自我发展的重要途径之一。通过自主学习，教师可以根据自己的需求和兴趣，选择适合自己的学习内容和方式，提升个人的专业素养和教学能力。

（1）利用在线课程平台：高校英语教师可以通过各大在线课程平台，如中国大学 MOOC、网易云课堂等，选择与自己专业相关的课程进行学习。这些平台提供了丰富的课程资源，涵盖了教育教学理论、英语专业知识、教育技术应用等多个领域，可以满足教师不同方面的学习需求。

（2）参与网络学术社群：网络学术社群是高校英语教师获取学术信息、交流教学经验的重要平台。教师可以通过加入相关的学术社群，与同行进行深入的交流和讨论，了解最新的教育教学理念和研究成果，拓宽自己的学术视野。

（3）利用移动学习工具：随着移动互联网的普及，高校英语教师可以利用各种移动学习工具，如手机 App、微信公众号等，进行碎片化的学习。这些工具提供了便捷的学习方式和丰富的学习资源，可以帮助教师在日常生活中随时随地进行学习。

（二）实践反思与行动研究的开展

实践反思和行动研究是高校英语教师提升教学能力和专业素养的重要手段。通过反思自己的教学实践和开展行动研究，教师可以不断发现问题、解决问题，

提升自己的教学水平。

（1）教学日志的撰写与分析：高校英语教师可以通过撰写教学日志的方式，记录自己的教学过程和教学心得。通过对教学日志的分析，教师可以发现自己的教学优势和不足，明确改进的方向和目标。

（2）同行观摩与课例研究：教师可以通过观摩同行的课堂教学和课例研究，了解其他教师的教学方法和教学策略，从中汲取有益的经验和启示。同时，教师也可以邀请同行观摩自己的课堂教学，听取他们的意见和建议，以便更好地改进自己的教学。

（3）行动研究的开展：行动研究是一种以解决实际问题为中心的研究方法。高校英语教师可以通过开展行动研究，针对自己在教学实践中遇到的问题进行深入的探究和解决。通过行动研究，教师不仅可以提升自己的科研能力和学术素养，还可以为教育教学改革和创新做出贡献。

（三）专业发展规划的制订与实施

专业发展规划是高校英语教师自我发展的重要保障。通过制订明确的发展规划和实施计划，教师可以有目的地提升自己的专业素养和教学能力，实现自我价值的最大化。

（1）明确发展目标：高校英语教师需要根据自己的实际情况和职业发展需求，明确自己的发展目标。这些目标可以包括提升学历层次、获取专业资格证书、参与科研项目等。

（2）制订实施计划：在明确发展目标的基础上，教师需要制订具体的实施计划。这些计划应包括学习内容的选择、学习时间的安排、学习方式的确定等。同时，教师还需要考虑实施过程中可能遇到的困难和挑战，制订相应的应对策略。

（3）持续监测与调整：在实施专业发展规划的过程中，教师需要持续监测自己的进展情况，并根据实际情况进行调整。通过定期的自我评估和反思，教师可以及时发现问题并进行改进，确保自己的发展路径始终沿着正确的方向前进。

第三节　高校英语教师信息化素养提升的教学实践与反思

一、信息化环境下的高校英语教学实践

随着信息技术的飞速发展，高校英语教学正面临着前所未有的变革。信息化环境为高校英语教学提供了丰富的教学资源、多样的教学手段和即时的反馈机制，极大地促进了教学质量的提升。

（一）信息技术与课程整合的实践

在信息化环境下，信息技术与课程的整合已成为高校英语教学的重要趋势。通过将信息技术融入课程教学的各个环节，高校可以实现教学内容的丰富化、教学过程的互动化和教学效果的可视化。

（1）数字化教学资源的开发与应用：高校英语教师可以利用信息技术开发数字化教学资源，如电子课件、在线题库、多媒体教学软件等，为学生提供丰富多样的学习材料。这些资源不仅便于学生随时随地学习，还能通过图文、音视频等多种形式激发学生的学习兴趣和积极性。

（2）网络教学平台的构建与利用：高校可以构建网络教学平台，如慕课平台、在线教育系统等，为学生提供在线学习、交流互动和作业提交等功能。通过网络教学平台，教师可以实现线上线下的混合式教学，打破时间和空间的限制，提高教学效率。

（3）虚拟仿真技术在英语教学中的应用：虚拟仿真技术可以模拟真实的语言环境，为学生提供沉浸式的英语学习体验。例如，利用虚拟现实（VR）技术构建虚拟英语角或虚拟英语国家，让学生在模拟的语言环境中进行口语练习和文化体验，提高学生的语言运用能力和跨文化交际能力。

（二）创新教学方法与手段的应用

在信息化环境下，高校英语教师需要不断创新教学方法和手段，以适应学

生的学习需求和时代的发展。

（1）翻转课堂教学模式的实践：翻转课堂是一种将传统课堂上讲授的内容转移到课外由学生自主学习，而将课堂时间用于讨论、实践和解决问题的教学模式。在信息化环境下，教师可以通过制作微课、提供在线资源等方式引导学生进行课外自主学习，而在课堂上则通过组织小组讨论、角色扮演等活动促进学生的深度参与和合作学习。

（2）混合式学习模式的探索：混合式学习是指将在线学习和面对面学习相结合的一种学习方式。在信息化环境下，高校英语教师可以将部分课程内容制作成在线课程供学生自主学习，同时结合课堂讲授、小组讨论等面对面教学活动进行深化和拓展。这种混合式学习模式可以兼顾不同学生的学习需求和风格，提高教学效果和学习体验。

（3）移动学习在英语教学中的应用：随着智能手机的普及和移动互联网的发展，移动学习已成为一种新兴的学习方式。高校英语教师可以利用移动学习APP、微信公众号等平台为学生提供随时随地的英语学习服务。这些平台可以提供词汇记忆、听力练习、口语训练等多种功能，帮助学生巩固和拓展英语知识。

（三）学生学习效果的评价与反馈

在信息化环境下，高校英语教学需要建立科学有效的学生学习效果评价体系和反馈机制，以便及时了解学生的学习情况并进行针对性的指导。

（1）多元化评价方式的实施：传统的以考试成绩为主的评价方式已不能满足信息化环境下高校英语教学的需求。因此，教师需要实施多元化的评价方式，包括在线测试、电子作品集、课堂表现、小组讨论等多种形式。这些评价方式可以从多个角度全面反映学生的学习情况和能力水平，为教学提供更有价值的反馈。

（2）即时反馈机制的建立：信息化环境为高校英语教学提供了即时的反馈机制。教师可以通过网络教学平台、在线测试系统等工具实时了解学生的学习进度和成绩情况，并及时给予指导和帮助。同时，学生也可以通过这些工具及时向教师反馈学习中的问题和困惑，以便得到及时的解答和指导。这种即时反馈机制有助于提高学生的学习积极性和自信心，促进教学效果的提升。

（3）大数据分析在英语教学评价中的应用：随着大数据技术的发展和应用，高校英语教学可以利用大数据分析工具对学生的学习数据进行深入挖掘和分析。通过对学生的学习行为、学习偏好、成绩趋势等数据的分析，教师可以更准确地了解学生的学习需求和问题所在，为个性化教学和辅导提供有力支持。

二、高校英语教学实践中的反思与总结

随着高校英语教学改革的不断深入，教师在教学实践中进行反思与总结变得尤为重要。通过反思和总结，教师能够及时发现教学中的问题，调整教学策略，从而提升教学质量。

（一）教学日志的撰写与分析

教学日志是教师记录自己教学实践的重要工具，它能够帮助教师回顾教学过程，总结教学经验，发现教学问题。撰写与分析教学日志，对于促进教师的专业成长和提高教学质量具有重要意义。

1. 撰写教学日志的意义

通过撰写教学日志，教师可以系统地记录自己的教学实践，包括教学内容、教学方法、学生反应、教学效果等方面的信息。这些记录不仅能够帮助教师及时回顾和总结自己的教学经验，还能够为今后的教学提供宝贵的参考。同时，教学日志也是教师进行教学反思的重要依据，通过分析日志中的记录，教师可以发现自己的教学问题，进而寻求改进的方法。

2. 教学日志的撰写方法

在撰写教学日志时，教师应该注意以下几点：首先，要记录真实的教学情况，包括教学中的亮点和不足之处；其次，要详细描述学生的反应和表现，以便更好地了解学生的学习情况；最后，要对教学效果进行评估，分析教学目标的达成情况。此外，教师还可以根据自己的需要添加其他内容，如教学心得、改进建议等。

3. 教学日志的分析与应用

分析教学日志是发现教学问题和改进教学策略的关键环节。教师应该定期

对教学日志进行回顾和分析，总结自己的教学经验，找出教学中存在的问题和不足。针对这些问题，教师可以寻求同行的帮助和建议，或者通过阅读相关文献、参加培训等方式提升自己的教学能力。同时，教师还应该将分析结果应用于今后的教学实践中，不断调整和优化教学策略，提高教学质量。

（二）同行观摩与评议的开展

同行观摩与评议是教师专业发展的重要途径之一，它能够帮助教师相互学习、交流经验、发现不足并寻求改进方法。在高校英语教学实践中，开展同行观摩与评议活动具有重要意义。

1. 同行观摩的意义与方式

同行观摩是指教师之间相互观摩彼此的教学实践，以了解彼此的教学方法和策略。通过观摩同行的教学，教师可以学习他人的优点和长处，发现自己的不足和需要改进的地方。观摩的方式可以是现场观摩、视频观摩等。在观摩过程中，教师应该保持客观、公正的态度，认真记录和分析所观察到的信息。

2. 同行评议的实施与效果

同行评议是指在观摩结束后，观摩者对被观摩者的教学实践进行评价和建议。评议的内容可以包括教学内容的选择、教学方法的运用、教学组织与管理等方面。通过同行评议，被观摩者可以得到来自同行的宝贵意见和建议，从而更好地改进自己的教学实践。同时，评议者也可以从评议过程中学习到更多的教学经验和知识。

3. 同行观摩与评议的促进作用

开展同行观摩与评议活动对于促进教师的专业成长和提高教学质量具有重要作用。首先，它能够帮助教师相互学习、交流经验，拓宽教学视野；其次，它能够帮助教师发现自己的不足和需要改进的地方，激发改进教学的动力；最后，它能够为教师提供一个相互支持、共同进步的平台，营造积极向上的教学氛围。

（三）教学反思对教学策略改进的作用

教学反思是教师对自己教学实践进行审视和思考的过程，它能够帮助教师发现问题、分析问题并寻求解决问题的策略和方法。在高校英语教学实践中，教学反思对于改进教学策略和提高教学质量具有重要作用。

1. 教学反思的内容与过程

教学反思的内容主要包括对教学目标、教学内容、教学方法、教学组织与管理等方面的审视和思考。在进行教学反思时，教师应该首先回顾自己的教学实践过程，分析教学中的成功之处和不足之处；其次要深入思考这些成功或不足的原因和影响因素；最后要针对存在的问题提出改进的策略和方法。

2. 教学反思对教学策略改进的作用机制

通过教学反思，教师能够更加深入地了解自己的教学实践情况，发现自己的教学问题和不足之处。针对这些问题和不足，教师可以进行深入的分析和思考，寻找解决问题的策略和方法。这些策略和方法可能包括调整教学目标、优化教学内容、改进教学方法等。通过实施这些改进策略和方法，教师可以进一步提升自己的教学能力和水平。

3. 教学反思在教学质量提升中的应用

教学反思不仅能够帮助教师改进自己的教学策略和方法，还能够为教学质量的提升提供有力支持。首先，通过反思自己的教学实践过程，教师可以更加全面地了解学生的学习情况和需求；其次，通过改进教学策略和方法，教师可以更好地满足学生的学习需求；最后，通过持续不断地进行教学反思和改进实践，教师可以逐步形成自己独特的教学风格和特色，提升教学质量和效果。

三、案例分析：高校英语教学实践与反思的成果

随着高校英语教学改革的推进，越来越多的教师开始重视教学实践与反思的重要性。通过不断地实践与反思，教师能够积累经验，提升教学质量，促进个人成长。

（一）优秀教学实践案例展示

在高校英语教学实践中，不乏一些优秀的教学实践案例。这些案例不仅展示了教师们的创新精神和敬业精神，也为其他教师提供了宝贵的参考和借鉴。以下是几个优秀教学实践案例的展示：

1. 混合式教学模式的成功实践

某高校英语教师采用混合式教学模式，将线上学习与线下课堂有机结合，取得了显著的教学成果。教师首先利用在线教学平台发布预习任务和教学资源，引导学生自主学习。在课堂上，教师则通过小组讨论、角色扮演等形式激发学生的学习兴趣和积极性，深化对知识的理解和应用。这种混合式教学模式不仅提高了学生的学习效率，也培养了学生的自主学习能力和团队协作精神。

2. 以学生为中心的任务型教学法

另一位高校英语教师采用以学生为中心的任务型教学法，通过设计一系列具有挑战性和实用性的任务，引导学生在完成任务的过程中掌握知识和技能。教师根据学生的实际情况和兴趣点设计任务，鼓励学生通过自主学习、合作探究等方式完成任务。这种任务型教学法不仅激发了学生的学习兴趣，也培养了学生的问题解决能力和创新能力。

3. 跨文化交际能力培养的创新实践

某高校英语教师注重培养学生的跨文化交际能力，通过引入真实的文化案例、模拟跨文化交际场景等方式，帮助学生了解不同文化背景下的交际规范和价值观。教师还鼓励学生参与国际交流活动，如参加国际会议、访问外国大学等，以提升学生的跨文化交际能力。这种创新实践不仅拓宽了学生的国际视野，也增强了学生的文化敏感性和包容性。

（二）教学反思对教师成长的促进作用

教学反思是教师对自己教学实践进行审视和思考的过程，它能够帮助教师发现问题、分析问题并寻求解决问题的策略和方法。教学反思对教师成长具有显著的促进作用，具体表现在以下几个方面。

1. 提升教师的教学能力

通过教学反思，教师能够更加深入地了解自己的教学实践情况，发现自己的教学问题和不足之处。针对这些问题和不足，教师可以进行深入的分析和思考，寻找解决问题的策略和方法。这些策略和方法可能包括调整教学目标、优化教学内容、改进教学方法等。通过实施这些改进策略和方法，教师可以进一步提升自己的教学能力和水平。

2. 促进教师的专业成长

教学反思是教师专业成长的重要途径之一。通过反思自己的教学实践过程，教师可以不断积累教学经验，拓宽教学视野，提升教学理论素养和实践能力。同时，教学反思还能够激发教师的创新意识和探索精神，推动教师在教学实践中不断尝试新的教学方法和手段，形成自己独特的教学风格和特色。

3. 增强教师的自我效能感

教学反思能够帮助教师更加全面地了解自己的教学实践成果和进步情况，从而增强教师的自我效能感。当教师看到自己的教学实践取得了显著的成果和进步时，他们会更加自信和有动力地投入到今后的教学实践中去。这种自我效能感的提升不仅能够激发教师的教学热情和工作积极性，还能够提高教师的教学质量和效果。

第四节　　高校英语教师合作与交流平台的建设

一、高校英语教师合作与交流的重要性

在高校英语教学环境中，教师间的合作与交流显得尤为重要。这不仅关乎教师个人的职业发展，更直接影响到教学质量与效果，以及对学生能力的培养。以下将从知识共享与经验传承、问题研讨与解决方案的寻求以及创新思维的激发与碰撞三个方面，详细论述高校英语教师合作与交流的重要性。

（一）知识共享与经验传承

（1）教学资源的共享：高校英语教师通过合作与交流，可以共享丰富多样的教学资源，如教学课件、教案、试题库等。这不仅可以减轻教师的工作负担，避免重复劳动，还能确保教学内容的全面性和准确性。通过共享教学资源，教师们可以相互借鉴、取长补短，共同提升教学水平。

（2）教学经验的传承：老教师和新教师之间的合作与交流是实现教学经验传承的重要途径。老教师可以通过分享自己的教学心得、教学技巧和处理问题的方式，帮助新教师更快地适应教学环境，提升教学能力。这种经验传承不仅

有助于新教师的成长，也能确保教学质量的稳定和持续提高。

（3）学科知识的更新与拓展：随着英语学科的不断发展，新的教学理念、教学方法和教学手段层出不穷。高校英语教师通过合作与交流，可以及时获取和分享最新的学科知识，保持教学内容的时效性和前沿性。这不仅有助于激发学生的学习兴趣，还能培养他们的创新思维和跨文化交际能力。

（二）问题研讨与解决方案的寻求

（1）教学问题的研讨：在教学过程中，教师们难免会遇到各种问题和挑战。通过合作与交流，教师们可以针对这些问题进行深入的研讨和分析，共同探讨问题的成因和解决方案。这种研讨不仅有助于问题的解决，还能提升教师们的问题意识和问题解决能力。

（2）教学策略的优化：教学策略是影响教学效果的关键因素之一。高校英语教师通过合作与交流，可以分享各自的教学策略和实践经验，共同探讨如何优化教学策略以提高教学效果。这种优化可能涉及教学方法的选择、教学顺序的安排、教学媒体的应用等多个方面。

（3）教学研究的合作：高校英语教师还可以通过合作与交流开展教学研究工作。他们可以共同设计研究项目、收集研究数据、分析研究结果，并共同撰写研究报告或论文。这种合作不仅可以提高研究的质量和效率，还能促进教师间的学术交流和合作关系的深化。

（三）创新思维的激发与碰撞

（1）创新教学理念的探讨：在合作与交流的过程中，高校英语教师们可以共同探讨和分享创新的教学理念和方法。这种探讨不仅可以激发教师们的创新思维，还能引导他们从新的角度审视和思考教学问题，进而提出更具创新性和实用性的教学方案。

（2）跨学科教学的尝试：通过与其他学科教师的合作与交流，高校英语教师可以尝试跨学科的教学方法和模式。这种尝试不仅可以打破学科间的壁垒，促进知识的融合和贯通，还能培养学生的综合素质和创新能力。

（3）教学环境的营造：一个开放、包容、互助的教学环境对于激发教师的创新思维至关重要。高校英语教师通过合作与交流，可以共同营造一个积极向上、富有创新精神的教学氛围。在这种环境中，教师们敢于尝试、勇于创新，不断追求教学的新高度和新境界。

二、高校英语教师合作与交流平台的构建

随着教育信息化的深入发展，高校英语教师之间的合作与交流显得愈发重要。构建一个高效、便捷的合作与交流平台，对于促进教师间的知识共享、经验交流以及教学创新具有重要意义。

（一）线上平台的搭建与功能设计

线上平台作为高校英语教师合作与交流的重要载体，其搭建和功能设计至关重要。具体而言，线上平台的搭建与功能设计应包括以下方面.

（1）平台架构与技术选型：首先需要确定线上平台的整体架构，包括前端展示、后端服务、数据库管理等模块。在技术选型上，应充分考虑平台的稳定性、安全性、可扩展性以及易用性，选择成熟可靠的技术框架和工具。

（2）用户管理与权限设置：线上平台应建立完善的用户管理体系，包括教师注册、登录、信息维护等功能。同时，根据教师的角色和职责，设置相应的权限，确保不同用户只能访问其权限范围内的资源和功能。

（3）教学资源共享与管理：线上平台应提供教学资源共享功能，允许教师上传、下载、浏览和评论教学资源。同时，建立教学资源管理机制，对上传的资源进行审核和管理，确保资源的质量和安全性。

（4）在线交流与协作工具：为了方便教师之间的在线交流和协作，线上平台应提供实时聊天、论坛讨论、在线协作等工具。这些工具可以帮助教师及时沟通、分享经验、解决问题，提高工作效率。

（5）教学研究与成果展示：线上平台可以设立教学研究专区，鼓励教师开展教学研究并展示成果。这不仅可以激发教师的创新热情，还能促进教学研究成果的推广和应用。

（二）线下活动的组织与实施

除了线上平台外，线下活动也是高校英语教师合作与交流的重要组成部分。线下活动的组织与实施应注意以下几个方面。

（1）活动类型与主题设计：根据教师的需求和兴趣，设计多样化的线下活动类型，如教学研讨会、经验分享会、课题研究小组等。同时，针对每个活动类型，明确具体的主题和目标，确保活动的针对性和实效性。

（2）活动时间与地点安排：在安排线下活动时，应充分考虑教师的工作时间和地点限制，选择合适的时间和地点进行活动。同时，提前发布活动通知和日程安排，确保教师能够提前做好准备并按时参加。

（3）参与者邀请与分组：根据活动的主题和目标，邀请相关领域的专家、学者和教师参与。在活动过程中，可以根据需要进行分组讨论或合作，以促进更深入的交流和协作。

（4）活动效果评估与反馈：在活动结束后，及时对活动效果进行评估和反馈。通过问卷调查、访谈等方式收集教师的意见和建议，分析活动的优点和不足，为今后的活动改进提供参考。

（三）合作与交流机制的建立与维护

为了确保高校英语教师合作与交流平台的持续有效运行，需要建立和维护一套完善的合作与交流机制。具体而言，应包括以下几个方面。

（1）组织机构与职责划分：成立专门的合作与交流组织机构，负责平台的整体规划、运营管理和活动策划等工作。同时，明确各成员的职责和分工，确保平台的各项工作能够有序开展。

（2）规则制订与执行监督：制订详细的合作与交流规则，包括用户行为规范、资源共享准则、活动参与要求等。同时，建立执行监督机制，对规则的执行情况进行定期检查和评估，确保规则的严肃性和有效性。

（3）激励机制与奖惩措施：为了激发教师的参与热情和提高平台的活跃度，可以建立相应的激励机制和奖惩措施。例如，设立优秀教学资源奖、最佳合作团队奖等荣誉奖项；对于违反规则的行为，采取相应的惩罚措施以维护平台的正常秩序。

（4）持续改进与优化升级：根据教师的反馈和平台运行的情况，定期对线上平台和线下活动进行改进和优化升级。这包括完善平台功能、优化用户体验、丰富活动形式和内容等。通过持续改进和优化升级，不断提升平台的吸引力和影响力。

三、案例分析：高校英语教师合作与交流平台的成效

随着教育信息化的推进和教师专业发展需求的提升，高校英语教师合作与交流平台的建设逐渐成为教育领域的热点话题。

（一）平台运行案例介绍

某高校英语教师合作与交流平台自建立以来，经过不断的完善和优化，已经成为该校英语教师进行教学资源共享、教学经验交流、教学问题研讨以及教学创新的重要阵地。平台运行案例主要体现在以下几个方面。

（1）教学资源共享实践：平台可建立完善的教学资源共享机制，鼓励教师上传和分享优质的教学课件、教案、试题库等教学资源。通过平台的资源共享功能，教师们可以方便地浏览、下载和使用其他教师分享的教学资源，从而丰富教学内容和手段，提高教学效果。

（2）教学经验交流活动：平台定期组织教学经验交流活动，邀请具有丰富教学经验的教师进行主题发言和经验分享。这些活动能为教师们提供一个相互学习、相互借鉴的平台，有助于新教师快速成长，老教师不断更新教学观念和方法。

（3）教学问题研讨与解决方案：平台设立专门的教学问题研讨区，鼓励教师们针对教学过程中遇到的问题进行深入的研讨和交流。通过集体的智慧和力量，教师们往往能够找到问题的症结所在，并提出切实可行的解决方案。

（4）教学创新成果展示：平台鼓励教师们进行教学创新实践，并设立教学创新成果展示区。教师们可以在这里展示自己的教学创新成果，如新的教学模式、教学手段、教学评价方法等。这不仅可以激发教师们的创新热情，也为学校的教学改革提供了宝贵的经验和案例。

（二）平台对教师专业发展的促进作用评估

高校英语教师合作与交流平台的建设和运行，可对教师专业发展起到积极的促进作用，具体促进作用如下。

（1）提升教师的教学能力：通过平台的教学资源共享和教学经验交流活动，教师们可以学习到其他教师的优秀教学经验和教学方法，从而提升自己的教学能力。同时，平台上的教学问题研讨功能也有助于教师们解决教学过程中遇到的难题，提高教学效果。

（2）促进教师的知识更新与拓展：平台上的教学资源共享和教学创新成果展示功能，使教师们能够及时获取到最新的教学资源和教学信息，有助于他们的知识更新与拓展。这对于适应不断变化的英语教学环境和培养具有创新精神的人才具有重要意义。

（3）增强教师的团队合作意识：平台上的合作与交流活动使教师们意识到团队合作的重要性，并培养他们的团队合作意识。在教学过程中，教师们能够相互支持、相互协作，共同为提高教学质量而努力。

（4）为教师的职业发展提供新途径：平台的建设和运行不仅为教师们提供一个专业发展的平台，也为他们的职业发展提供新的途径。通过参与平台上的活动，教师们可以积累丰富的教学经验和教学成果，为晋升职称、提高学术地位等职业发展目标打下坚实的基础。

第十二章　高校英语教学与教师信息化素养的发展趋势

第一节　高校英语教学的发展趋势预测

随着全球化的加速推进和信息技术的迅猛发展，高校英语教学正面临着前所未有的变革机遇与挑战。

一、人工智能与大数据技术在英语教学中的深入应用

人工智能与大数据技术的不断发展，将为高校英语教学提供更加智能化、精准化的支持和服务。这些技术的应用将进一步提升英语教学的效率和质量，为学生提供更加个性化、多样化的学习体验。

（一）智能辅助教学系统的进一步完善

智能辅助教学系统是利用人工智能和大数据技术开发的利用于辅助英语教学的软件系统。这些系统可以通过智能识别、自然语言处理等技术对学生的学习数据进行分析和处理，为教师提供更加精准的教学辅助和支持。随着技术的不断进步和应用场景的不断拓展，智能辅助教学系统将进一步完善和优化，为教师提供更加全面、深入的教学辅助服务。这将有助于减轻教师的工作负担，提高他们的教学效率和质量。

（二）学习分析与精准教学策略的广泛应用

学习分析是利用大数据技术对学生的学习数据进行分析和挖掘的过程。通过对学生的学习行为、学习成果等数据的分析，教师可以更加深入地了解学生的学习特点和需求，为他们制订更加精准的教学策略。在混合教学模式下，学习分析将更加广泛地应用于英语教学中，为教师提供更加科学、有效的教学决

策支持。这将有助于提升教师的教学效果，促进学生的学习进步。

（三）跨文化交际能力培养的新技术与新方法

随着全球化的加速推进和国际交流的日益频繁，跨文化交际能力的培养已成为高校英语教学的重要目标之一。在人工智能与大数据技术的支持下，高校英语教学将不断探索新的技术和方法来培养学生的跨文化交际能力。例如，利用虚拟现实技术模拟真实的跨文化交流场景，让学生在模拟的环境中进行角色扮演和交际实践；利用大数据技术对跨文化交流案例进行分析和挖掘，为学生提供更加丰富的跨文化交际知识和经验等。这些新技术和新方法的应用将有助于学生更加深入地了解不同文化的特点和差异，提高他们的跨文化交际能力。

二、英语教学内容与方法的跨文化和跨学科融合

在全球化和信息化的背景下，英语教学内容与方法的跨文化和跨学科融合已成为必然趋势。这种融合将为英语教学注入新的活力和内涵，促进学生全面发展。

（一）英语教学内容的全球视野与文化多样性

随着全球化的加速推进和国际交流的日益频繁，英语已成为世界通用语言之一。在这种背景下，高校英语教学应更加注重培养学生的全球视野和文化多样性意识。具体而言，英语教学内容应涵盖不同国家和地区的文化、历史、社会等方面的知识，让学生了解不同文化的特点和差异；同时，也应注重培养学生的跨文化交际能力，让他们能够在不同文化背景下进行有效的交流和合作。这将有助于学生更好地适应全球化的发展趋势，成为具有国际视野和跨文化交际能力的人才。

（二）跨学科课程设计与实践能力的培养

在信息化时代背景下，跨学科课程设计已成为高校英语教学的重要发展方向之一。通过将英语与其他学科进行有机融合，可以设计出更加丰富、多样的课程内容，满足学生的不同需求。同时，跨学科课程设计也有助于培养学生的实践能力和创新思维。例如，在英语教学中融入计算机科学、商务管理、文化艺术等学科的内容，可以设计出以英语为工具解决实际问题的课程内容；通过

项目式学习、案例分析等教学方法的应用，可以培养学生的实践能力和创新思维。这将有助于学生更好地适应未来社会的发展需求，成为具有综合素质和创新能力的人才。

（三）创新教学方法促进学生全面发展

随着教育理念的转变和学生个性化需求的增加，创新教学方法已成为高校英语教学的重要发展方向之一。通过采用更加灵活、多样、创新的教学方法，教师可以激发学生的学习兴趣和积极性，促进他们的全面发展。例如，利用翻转课堂、慕课等新型教学模式进行英语教学；通过角色扮演、情景模拟等互动式教学方法培养学生的语言应用能力和跨文化交际能力；利用大数据技术对学习数据进行分析和挖掘，为学生提供更加精准的学习反馈和建议等。这些创新教学方法的应用将有助于学生更加深入地掌握英语知识，提高他们的学习效果和综合素质。

第二节　高校英语教师信息化素养的未来发展要求与展望

随着信息技术的迅猛发展和教育信息化的深入推进，高校英语教师信息化素养的提升已成为教育教学改革和教师专业发展的重要内容。

一、教师信息化素养的内涵拓展与提升

（一）信息技术应用能力的持续提升

信息技术应用能力是高校英语教师信息化素养的基础。未来，高校英语教师需要不断提升自己的信息技术应用能力，包括熟练掌握各类教学软件、网络资源检索技巧、多媒体制作工具等，以便能够灵活运用信息技术进行课程设计、教学资源开发、教学组织实施以及教学评价反馈等教学活动。此外，随着人工智能、大数据、云计算等新技术在教育领域的广泛应用，高校英语教师还需要

积极学习和掌握这些新技术，将其有效融入教学实践中，创新教学模式和方法，提高教学效果。

（二）数据驱动的教学决策与反思能力

在信息化环境下，高校英语教师需要具备数据驱动的教学决策与反思能力。通过对教学过程中产生的大量数据进行收集、整理和分析，教师可以更加全面地了解学生的学习情况、需求差异以及教学效果，从而为教学决策提供科学依据。同时，教师还需要根据数据分析结果对自己的教学实践进行反思和总结，及时发现问题和不足，调整教学策略和方法，以实现教学优化。这种基于数据的教学决策与反思能力将有助于高校英语教师提高教学的针对性和实效性。

（三）信息化环境下的创新教学与科研能力

创新是教育发展的永恒主题。在信息化环境下，高校英语教师需要具备创新教学与科研能力。一方面，教师需要积极探索和实践信息化环境下的新型教学模式和方法，如混合式教学、翻转课堂、慕课等，以满足学生的个性化需求和多样化发展。另一方面，教师还需要将信息技术与英语学科研究相结合，利用信息技术手段拓展研究领域、丰富研究方法和提升研究水平，为推动英语学科的创新发展做出贡献。

二、教师信息化素养的专业发展与终身学习

（一）信息化素养成为教师专业发展的重要组成部分

随着教育信息化的不断推进和教师专业化发展的深入实施，信息化素养已成为高校英语教师专业发展的重要组成部分。未来，高校英语教师需要将信息化素养的提升融入自己的专业发展规划中，通过参加各类信息化培训、学术研讨会、教学观摩等活动，不断更新自己的教育观念和技术知识，提高自己在信息化环境下的教学能力和科研水平。同时，高校也需要将教师的信息化素养纳入教师评价体系中，激励和引导教师积极提升自身的信息化素养。

（二）持续学习与创新成为教师专业成长的必然选择

在快速变化的信息时代，持续学习与创新是高校英语教师专业成长的必然选择。教师需要保持对新技术、新理念、新方法的敏锐感知和学习热情，通过

自主学习、合作交流、实践探索等多种方式不断充实自己的知识库和技能集。同时，教师还需要将创新精神贯穿于自己的教学实践和科研活动中，勇于尝试新的教学模式和方法，敢于挑战传统的教育观念和教学方式，为英语教育的改革和创新贡献自己的力量。

（三）构建教师信息化素养的终身学习体系与支持环境

为了支持高校英语教师的信息化素养提升和专业成长，高校需要构建一个完善的终身学习体系和支持环境。这包括提供丰富多样的信息化培训课程和资源、搭建便捷高效的网络学习平台和交流社区、建立科学合理的评价体系和激励机制等。通过这些措施的实施，可以为高校英语教师提供一个良好的学习和发展环境，促进他们的信息化素养不断提升和专业持续发展。

三、未来教师信息化素养的挑战与机遇

（一）技术更新与教育模式变革对教师提出新挑战

随着科技的飞速发展和教育模式的深刻变革，高校英语教师面临着前所未有的挑战。新技术的不断涌现和教育信息化的深入推进要求教师不断更新自己的知识体系和技术能力；同时，教育模式的变革也要求教师转变传统的教学观念和方法，积极探索和实践新型的教学模式与方法。这些挑战对教师的信息化素养提出了更高的要求，需要他们具备更强的学习能力和创新能力来应对。

（二）教育信息化发展为教师提供新机遇与发展空间

虽然挑战重重，但教育信息化的发展也为高校英语教师带来了新的机遇和发展空间。信息技术的广泛应用为教师提供了更加丰富多样的教学资源和手段；网络平台的普及使得教师可以更加便捷地获取信息和进行交流合作；大数据和人工智能等技术的发展为教师提供了更加精准的教学分析和个性化教学支持等。这些新技术和新应用为教师的创新教学和科研活动提供了更加广阔的空间和可能性。

（三）教师信息化素养的提升将促进教育公平与质量提升

高校英语教师信息化素养的提升不仅对个人专业发展具有重要意义，还将对教育公平与质量的提升产生积极影响。通过提高教师的信息技术应用能力和

创新教学能力，可以更好地满足学生的多样化需求和发展；通过利用信息技术手段优化教学资源配置和共享机制，可以促进优质教育资源的均衡分布和共享利用；通过加强教师的数据驱动教学决策与反思能力培养，可以提高教学效果和质量监测水平等。这些举措将有助于推动高校英语教育的公平、优质和可持续发展。

第三节　高校英语教学与教师信息化素养的协同发展策略

随着全球化的不断深入和信息技术的迅猛发展，高校英语教学正面临着前所未有的机遇与挑战。为了更好地适应时代需求，提升教学质量，高校英语教学与教师信息化素养的协同发展显得尤为重要。

一、政策引领与制度建设保障协同发展

（一）制订教师信息化素养提升的长远规划与政策

随着信息技术的迅猛发展,高校英语教学正面临着前所未有的机遇与挑战。为了更好地适应时代需求，提升教学质量，高校必须充分认识到教师信息化素养在英语教学中的重要性，并将其纳入学校整体发展规划中。通过制订长远规划和相关政策，明确教师信息化素养提升的目标、任务和措施，为教师提供清晰的发展路径和支持，进而推动高校英语教学与教师信息化素养的协同发展。

高校应明确教师信息化素养提升的目标。这一目标应与学校整体发展目标相一致，旨在培养具备较高信息化素养的英语教师，使他们能够熟练运用信息技术创新教学方法，提高教学效果。同时，目标还应具有可操作性和可衡量性，以便对教师信息化素养的提升情况进行评估和监控。

高校应制订详细的教师信息化素养提升任务和措施。这些任务和措施应涵盖教师培训、教学实践、科研创新等多个方面，确保教师在各个环节都能得到

有效的支持和指导。例如，可以组织定期的信息技术培训课程，帮助教师掌握最新的信息技术和教学理念；鼓励教师在教学实践中应用信息技术创新教学方法，提高学生的学习兴趣和效果；开展跨学科与跨文化的教学研究项目，推动教师将科研成果转化为教学内容与教学资源等。

高校应确保政策的连续性和稳定性。教师信息化素养的提升是一个长期的过程，需要持续的政策支持和引导。因此，高校在制订相关政策时，应充分考虑政策的连续性和稳定性，避免政策频繁变动给教师发展带来不必要的困扰。同时，高校还应建立健全的政策执行和监督机制，确保各项政策得到有效落实和执行。

（二）建立激励与评价机制，激发教师发展动力

为了激发教师提升信息化素养的积极性，高校应建立相应的激励与评价机制。通过设立奖励基金、优秀教学案例评选等方式，表彰在信息化教学方面取得突出成绩的教师，形成积极向上的发展氛围。同时，要将教师的信息化素养纳入评价体系中，作为教师职称晋升、岗位聘任等的重要依据，从而引导教师重视并不断提升自身的信息化素养。

高校应设立专门的奖励基金，用于表彰在信息化教学方面取得突出成绩的教师。这些奖励基金可以用于资助教师的信息化教学项目、购买相关的教学设备和资源等。通过物质奖励和精神激励相结合的方式，激发教师提升信息化素养的积极性和主动性。

高校应定期开展优秀教学案例评选活动。这些活动可以邀请校内外专家组成评审团，对教师提交的信息化教学案例进行评选和点评。通过评选活动，不仅可以展示教师在信息化教学方面的成果和风采，还可以促进教师之间的相互学习和交流。同时，对于获奖的教师，高校应给予相应的荣誉和奖励，以鼓励他们在信息化教学方面的继续探索和创新。

高校应将教师的信息化素养纳入评价体系中。在职称晋升、岗位聘任等关键环节，应将教师的信息化素养作为重要的评价指标之一。通过评价体系的引导作用，使教师充分认识到提升信息化素养的重要性和必要性，从而更加自觉地投入到信息化教学和科研工作中去。同时，高校还应建立完善的反馈机制，

及时将评价结果反馈给教师本人，帮助他们了解自己的优势和不足，明确今后的发展方向和目标。

（三）完善教师培训体系，提供持续发展支持

针对教师在信息化素养方面的不同需求和水平差异，高校应构建分层次、多形式的培训体系。通过组织定期的培训课程、研讨会、工作坊等活动，帮助教师掌握最新的信息技术和教学理念。同时，要鼓励教师自主学习和实践探索，提供必要的资源支持和技术指导，促进教师信息化素养的持续提升。

高校应建立分层次的培训体系。根据教师的不同需求和水平差异，将培训体系分为初级、中级和高级三个层次。初级培训主要面向信息化素养较低的教师，重点帮助他们掌握基本的信息技术和教学理念；中级培训主要面向具备一定信息化素养的教师，着重提升他们的信息技术应用能力和教学创新能力；高级培训则主要面向信息化素养较高的教师，旨在培养他们的领导力和团队协作能力，推动他们在信息化教学和科研方面发挥更大的作用。

高校应采取多样化的培训形式。除了传统的面对面培训课程外，还可以利用在线学习平台、微课程等现代化教学手段，为教师提供更加灵活便捷的学习方式和资源。同时，高校还可以组织定期的研讨会、工作坊等活动，为教师提供交流互动和共同学习的平台。通过这些活动，教师可以分享自己的教学经验和心得，探讨信息化教学中的问题和挑战，共同寻求解决方案和发展方向。

高校应提供必要的资源支持和技术指导。为了确保教师能够顺利地进行信息化教学和科研工作，高校应提供充足的硬件和软件资源支持，如多媒体教室、网络教学平台、专业软件等。同时，还应建立专门的技术支持团队或部门，为教师提供及时有效的技术指导和服务。通过这些措施，可以帮助教师解决在信息化教学和科研过程中遇到的技术难题和问题，提高他们的工作效率和质量。

二、教学实践与科研创新促进协同发展

（一）鼓励教师在教学实践中应用信息技术创新教学方法

随着信息技术的飞速发展，其在教育领域的应用也日益广泛。对于高校英语教学而言，信息技术的引入不仅丰富了教学手段，还为教学方法的创新提供

了无限可能。因此，高校应鼓励英语教师在教学实践中积极探索信息技术的应用，以创新教学方法，提升教学质量。

高校英语教师可以通过引入多媒体教学资源来丰富教学内容和形式。多媒体教学资源包括图片、音频、视频等多种形式，能够为学生提供更加直观、生动的学习体验。例如，教师可以利用多媒体课件展示丰富的文化背景知识，帮助学生更好地理解英语语言的文化内涵；还可以利用音频、视频资源为学生提供真实的语言交际场景，提高学生的听说能力。

构建在线学习平台是信息技术在英语教学中应用的重要途径。通过在线学习平台，教师可以为学生提供更加灵活、便捷的学习方式和资源。学生可以在任何时间、任何地点进行学习，还可以根据自己的学习进度和需求进行个性化学习。同时，在线学习平台还为教师提供了更加便捷的学生管理、作业批改等功能，提高了教学效率。

利用大数据进行学情分析是信息技术在英语教学中应用的重要方面。通过对学生的学习数据进行分析，教师可以更加准确地了解学生的学习情况、学习需求和学习难点，从而有针对性地进行教学调整和优化。例如，教师可以通过分析学生的在线学习数据，发现学生在某些知识点上存在的普遍问题，然后在课堂上进行重点讲解和练习。

需要强调的是，教师在应用信息技术创新教学方法时，应关注学生的学习体验和反馈。信息技术只是教学手段的一种，其最终目的是为了提高教学质量和效果。因此，教师在应用信息技术时，应以学生为中心，关注学生的学习需求和体验，及时调整教学策略和方法，不断优化教学过程。

（二）开展跨学科与跨文化的教学研究项目

在全球化背景下，英语教学不再仅仅关注语言知识的传授，而是更加注重培养学生的跨文化交际能力和综合素质。因此，高校应鼓励英语教师开展跨学科与跨文化的教学研究项目，以推动英语教学与信息技术、国际教育的深度融合。

跨学科的教学研究项目有助于整合不同学科领域的优势资源，共同探索信息技术在英语教学中的应用和创新点。例如，英语教师可以与计算机科学、教育技术学等领域的专家合作，共同研究如何利用人工智能、虚拟现实等先进技术为英语教学提供更加智能化、个性化的支持。这种跨学科的合作不仅可以提高教学效果，还有助于培养学生的综合素质和创新能力。

跨文化的教学研究项目有助于拓宽教师的国际视野和跨文化交际能力。通过与国际教育机构的交流合作，教师可以了解不同文化背景下的教育理念和教学方法，引入先进的教学理念和资源，为英语教学注入新的活力。同时，教师还可以参与国际学术会议、研讨会等活动，与来自不同国家的同行进行交流和分享，提高自己的学术水平和影响力。

需要强调的是，开展跨学科与跨文化的教学研究项目需要高校提供必要的支持和保障。高校应建立相应的合作机制和管理制度，为项目的开展提供充足的经费、设备和人力资源支持。同时，高校还应加强对项目的监督和管理，确保项目的顺利进行和成果的有效转化。

（三）推动教师将科研成果转化为教学内容与教学资源

高校英语教师作为学术研究和教学实践的主体，应将科研成果与教学实践相结合，将最新的学术研究成果转化为丰富的教学内容和教学资源。这不仅可以激发学生的学习兴趣和探究欲望，还有助于提升教师的学术影响力和教学水平。

教师可以通过整理研究资料、设计教学案例等方式将科研成果融入课堂教学。例如，教师可以将自己的研究成果以案例的形式呈现给学生，引导学生进行分析和讨论；还可以将相关的研究论文、报告等文献资料作为课外阅读材料提供给学生，帮助学生拓展知识视野和深化对专业知识的理解。

教师可以利用信息技术手段将科研成果以更加直观、生动的形式呈现给学生。例如，教师可以利用多媒体课件、在线课程等形式展示自己的研究成果和学术思想；还可以利用虚拟现实、增强现实等先进技术为学生创建虚拟实验室、模拟场景等学习环境，让学生在亲身体验中感受学术研究的魅力和价值。

教师可以将科研成果转化为教学资源库、教学平台等共享资源，为更多的学生提供学习支持和服务。通过构建教学资源库，教师可以将自己的研究成果、教学案例、课件等资源进行分类整理和共享；通过搭建教学平台，教师可以为学生提供在线答疑、学习指导等个性化服务，促进师生之间的交流和互动。

需要强调的是，推动教师将科研成果转化为教学内容与教学资源需要高校建立相应的激励机制和评价体系。高校应鼓励教师积极参与科研成果转化工作，将转化成果作为教师职称晋升、岗位聘任等重要依据之一；同时还应加强对转化成果的质量监控和评估工作，确保转化成果的有效性和实用性。此外，高校还应为教师提供必要的培训和支持服务，帮助他们掌握相关的信息技术手段和教学资源开发技能。

三、教师合作与交流平台的加速协同发展

（一）构建开放共享的教师合作与交流平台

在信息化时代背景下，高校英语教师之间的合作与交流显得尤为重要。为了促进这种合作与交流，高校应构建开放共享的教师合作与交流平台，为英语教师提供便捷的信息共享、经验交流、问题探讨的空间。这些平台将成为推动英语教师协同发展、提升信息化素养的重要桥梁和纽带。

高校可以搭建校内外的网络平台，如教师论坛、博客群、微信公众号等，为教师提供一个开放、互动的网络空间。在这些平台上，教师可以发布自己的教学心得、研究成果、教学资源等，与其他教师进行分享和交流。同时，教师还可以就教学中遇到的问题、困惑进行提问和讨论，寻求同行的帮助和建议。这种网络平台的搭建不仅打破了时间和空间的限制，还使得教师之间的合作与交流更加便捷和高效。

建立教师社群是促进教师合作与交流的有效途径。高校可以根据学科领域、教学兴趣等因素，组建不同的教师社群，如英语教学研究社群、信息技术应用社群等。在这些社群中，教师可以围绕共同关心的话题进行深入探讨和交流，分享彼此的经验和见解。同时，社群还可以定期组织线上或线下的活动，如教学观摩、案例研讨等，进一步促进教师之间的合作与交流。

需要强调的是，构建开放共享的教师合作与交流平台需要高校提供必要的支持和保障。高校应加强对这些平台的宣传和推广，吸引更多的教师参与进来；同时还应建立相应的管理机制和激励机制，确保平台的正常运行和持续发展。

此外，高校还应为教师提供必要的培训和支持服务，帮助他们掌握相关的信息技术手段和合作交流技能。

（二）组织多样化的线上线下活动促进经验分享与知识更新

除了线上交流平台外，高校还应组织多样化的线上线下活动，促进教师之间的经验分享和知识更新。这些活动不仅可以增强教师之间的互动和合作，还可以激发教师的创新思维和教学灵感，提升教师的教学水平和信息化素养。

教学观摩是一种非常有效的经验分享方式。通过观摩其他教师的教学过程，教师可以学习到不同的教学方法和手段，了解其他教师的教学风格和特点。同时，观摩还可以帮助教师发现自己的不足和需要改进的地方，从而有针对性地提升自己的教学水平。因此，高校应定期组织教学观摩活动，鼓励教师积极参与并进行深入的交流和讨论。

案例研讨是一种重要的知识更新方式。通过选取典型的案例进行深入剖析和探讨，教师可以了解到最新的教育理念和技术应用情况，拓宽自己的知识视野和认知深度。同时，案例研讨还可以帮助教师解决实际教学中遇到的问题和困惑，提高自己的问题解决能力和创新能力。因此，高校应定期组织案例研讨活动，邀请专家或优秀教师进行引导和点评。

主题沙龙、学术讲座等活动可以为教师提供宝贵的经验分享和知识更新机会。这些活动通常围绕某个特定主题或领域进行深入探讨和交流，使教师能够及时了解到最新的研究成果和发展动态。同时，这些活动还可以为教师提供一个展示自己才华和成果的平台，增强教师的自信心和成就感。

需要强调的是，组织多样化的线上线下活动需要高校提供充足的资源和支持。高校应为这些活动提供必要的场地、设备和资金保障；同时还应建立相应的组织机构和运行机制，确保活动的顺利开展开取得实效。此外，高校还应鼓励教师积极参与活动并给予相应的奖励和认可，激发教师的参与热情和积极性。

（三）形成积极互动、共同成长的教师学习共同体氛围

在教师合作与交流的过程中，高校应注重营造积极互动、共同成长的教师学习共同体氛围。这种氛围的营造有助于增强教师的归属感和团队凝聚力，推动英语教师信息化素养的协同发展和整体提升。

　　高校应鼓励教师之间的互帮互助和相互激励。在教学过程中，每个教师都会遇到各种各样的问题和困难。如果这些问题和困难得不到及时有效的解决，就会影响到教师的教学效果和学生的学习成果。因此，高校应倡导教师之间的互帮互助精神，鼓励教师相互学习、相互借鉴、相互支持。当某个教师遇到困难时，其他教师应主动伸出援手给予帮助和支持；当某个教师取得成绩时，其他教师应给予真诚的祝贺和鼓励。这种互帮互助和相互激励的氛围将使教师更加团结和协作，共同应对教学中的挑战和困难。

　　高校应建立科学有效的评价反馈机制。评价反馈是促进教师成长和发展的重要手段之一。通过科学有效的评价反馈机制，教师可以及时了解自己的教学水平和存在的问题，从而有针对性地进行改进和提升。因此，高校应建立多元化、全方位的评价反馈体系，包括学生评价、同行评价、专家评价等多个方面。同时，高校还应注重对评价结果的反馈和利用，及时将评价结果反馈给教师本人并进行深入的交流和讨论，帮助教师明确自己的优点和不足并制订改进方案。这种科学有效的评价反馈机制将使教师更加明确自己的发展方向和目标，推动自己的不断成长和进步。

　　需要强调的是，营造积极互动、共同成长的教师学习共同体氛围需要高校提供持续的支持和保障。高校应加强对教师合作与交流平台的维护和管理，确保平台的正常运行和持续发展；同时还应为教师提供必要的培训和支持服务，帮助他们掌握相关的信息技术手段和合作交流技能。此外，高校还应注重对教师学习共同体氛围的培育和维护，定期组织相关的活动和交流会议，促进教师之间的互动和合作；同时还应建立相应的激励机制和奖励制度，鼓励教师积极参与学习共同体的建设和发展工作。

四、根据学生需求与技术发展动态调整协同发展策略

　　（一）以学生为中心，根据学生需求变化调整教学策略

　　在高校英语教学中，以学生为中心的教学理念已经成为共识。为了真正实现这一目标，我们需要在制订和实施协同发展策略时，始终关注学生的需求变化，并据此调整教学策略。

1. 深入了解学生的学习需求

要真正做到以学生为中心，教师首先需要深入了解学生的学习需求。这包括他们对英语学习的兴趣、动机、目标，以及在学习过程中遇到的困难和挑战。通过问卷调查、个别访谈、学习日志等方式，可以收集到大量关于学生学习需求的信息，为教学策略的调整提供有力依据。

2. 根据学生需求调整教学内容和方法

在了解学生的学习需求后，教师需要对教学内容和方法进行相应的调整。例如，如果学生对英语国家的文化和历史感兴趣，教师可以增加相关的文化背景知识介绍；如果学生在口语表达方面存在困难，可以设计更多的口语练习和模拟对话场景。此外，还应根据学生的学习风格和习惯，灵活采用多种教学方法和手段，如小组讨论、角色扮演、在线互动等，以激发学生的学习兴趣和积极性。

3. 定期评估学生的学习效果

为了确保教学策略的调整能够真正满足学生的需求，教师需要定期评估学生的学习效果。这可以通过测试、作业、课堂表现等多种方式进行。评估结果不仅可以反映学生对知识的掌握情况，还可以揭示教学策略的优缺点。根据评估结果，可以及时调整教学策略，以更好地满足学生的学习需求。

（二）跟踪技术发展动态，及时引入新技术优化教学环境

在信息化时代背景下，新技术的发展为高校英语教学提供了无限的可能性。为了保持教学的先进性和创新性，教师需要密切跟踪技术发展动态，及时引入新技术优化教学环境。

1. 关注教育领域的技术发展趋势

教育技术的发展日新月异，新的教学工具和平台层出不穷。为了不被时代所淘汰，教师需要时刻关注教育领域的技术发展趋势。这包括了解最新的教育技术理论、研究和实践成果，以及关注教育技术相关的新闻和动态。通过参加学术会议、研讨会、在线教育平台等方式，教师可以及时获取到最新的教育技术信息。

2. 引入新技术优化教学环境

在了解最新的教育技术后，教师需要根据实际情况将其引入到教学中。例如，利用智能教学系统，可以实现个性化教学和学习路径规划；通过虚拟现实技术，可以为学生创设逼真的语言交际场景；借助人工智能辅导，可以为学生提供实时的学习反馈和指导。这些新技术的引入不仅可以提升学生的学习兴趣和效果，还可以帮助教师提高教学效率和质量。

3. 培训教师掌握新技术

要成功地将新技术引入到教学中，高校需要对教师进行相关的培训。这包括帮助教师了解新技术的原理和功能、掌握新技术的操作和使用方法、以及如何将新技术与教学实践相结合。通过组织专题培训、邀请专家讲座、提供在线学习资源等方式，可以帮助教师尽快掌握新技术，并将其应用到实际教学中。

（三）定期评估协同发展成效，持续改进提升教学质量

为了确保协同发展策略的有效实施和持续改进，高校需要定期评估协同发展成效。这包括对教学策略的调整、新技术的引入以及教学环境的优化等方面进行全面、客观的评价和分析。

1. 建立科学的评估体系

要准确地评估协同发展成效，高校需要建立一个科学的评估体系。这包括确定评估的目标、内容、方法和标准。评估目标应明确反映协同发展的目标和要求；评估内容应涵盖教学策略、教学环境、教学效果等方面；评估方法应采用定量与定性相结合的方式进行；评估标准应具有可操作性和可衡量性。

2. 收集全面的评估数据

为了对协同发展成效进行客观评价，高校需要收集全面的评估数据。这包括教师的教学成果、学生的学习成绩和反馈意见等数据资料。通过课堂观察、学生问卷调查、教师自评互评等方式，可以收集到大量关于协同发展成效的信息和数据。这些数据和信息的收集应确保真实、有效和全面。

3. 分析评估结果并改进教学

在收集到评估数据后，高校需要对其进行深入的分析和挖掘。通过对比分析、趋势分析、因果分析等方法，可以揭示出协同发展策略的优点和不足，以

及影响教学效果的关键因素。根据评估结果，高校需要及时总结经验教训、调整发展策略和改进措施。例如，针对教学中存在的问题和不足，可以通过调整教学策略、优化教学环境或加强教师培训等措施来改进教学；针对学生的反馈意见和需求变化，可以进一步完善课程体系、丰富教学资源或提供更多的学习支持等来满足学生的学习需求。同时，高校还需要将评估结果及时反馈给相关利益方，以便他们了解教学情况和改进方向，并共同参与到教学改进中来。通过持续改进和提升教学质量，可以实现高校英语教学的协同发展目标。

参考文献

[1]付龙云.混合教学模式在高校英语教学中的运用[J].哈尔滨职业技术学院学报,2024,(01):118-120.

[2]翟清旭.新媒体环境下高校英语信息化教学改革的策略分析[J].中国新通信,2024,26(01):209-211.

[3]宋玉琴.信息化背景下高校英语教学的创新发展——评《信息化背景下高校英语教学创新研究》[J].科技管理研究,2023,43(24):237.

[4]端木冰冰."课程思政"背景下加强高校中外合作英语教学信息化改革的研究与实践[J].中国新通信,2023,25(23):218-220.

[5]周佩珩,李凯平.诊断性测试对信息化环境下高校大学英语教学的反拨效应研究[J].海外英语,2023,(21):83-86.

[6]李林林.现代化技术赋能高校英语教学实践——评《教育信息化与慕课发展战略研究》[J].科技管理研究,2023,43(20):260.

[7]常霄,周婷.大学英语教学理论与词汇教学融合发展探究——评《信息化背景下高校英语教学创新研究》[J].外语电化教学,2023,(05):98.

[8]马姗珊.新文科背景下高校英语教学的价值定位与实现路径[J].齐鲁师范学院学报,2023,38(05):65-70.

[9]李杉.基于虚拟仿真技术的高校英语情境教学研究[J].电大理工,2023,(03):64-68.

[10]彭艳青,徐敏.信息技术在高校英语教学中的融合与发展——评《信息技术环境下的英语教学研究》[J].中国科技论文,2023,18(09):1068.

[11]刘君武,李小敏.信息化助力高校化工英语教学实践——评《化学化工专业英语》[J].化学工程,2023,51(09):97-98.

[12]韩捷敏.基于智慧课堂的高校英语教学模式创新研究——以多通道融合

交互模式为例[J].山西青年职业学院学报,2023,36(03):102-104+108.

[13]唐馨楠.信息化背景下高校英语视听说课程教学策略[J].英语广场,2023,(24):70-73.

[14]王琳.信息化时代高校英语教学融合思政教育发展探究——评《高校英语思政教育理论与实践》[J].外语电化教学,2023,(04):111.

[15]董丽娜.现代高校英语教学的信息化转型探索——评《大学英语教学与教师信息化素养研究》[J].中国科技论文,2023,18(08):940.

[16]刘嘉宜.生态教育视域下高校英语教学模式新探索[J].环境工程,2023,41(08):354-355.

[17]付龙云.浅析高校英语信息化教学改革与微课教学模式——评《高校英语信息化教学改革与微课教学模式探究》[J].科技管理研究,2023,43(15):261.

[18]吴锦.论信息化教育下高校英语教学模式的改进[J].现代英语,2023,(15):36-39.

[19]许华蓉.信息化时代高校英语个性化教学策略研究[J].吉林广播电视大学学报,2023,(04):46-48.

[20]李吉婧.高校商务英语信息化教学模式的应用初探[J].英语广场,2023,(18):96-99.

[21]王译晗.基于语料库数据驱动的高校英语混合式教学模式探究[J].海外英语,2023,(12):157-159.

[22]陈煊.大学英语教学与信息技术的整合发展探究——评《信息化背景下高校英语教学创新研究》[J].外语电化教学,2023,(03):111.

[23]崔式蓉.信息化赋能高校英语教学高质量发展——评《高校英语信息化教学研究》[J].中国油脂,2023,48(06):160.

[24]王姗姗.虚拟现实技术在商务英语教学应用——评《高校商务英语信息化教学改革研究》[J].应用化工,2023,52(06):1951.

[25]宋瑞雪.教育信息化背景下高校英语语音教学改革与实践——评《英语语音教程》[J].科技管理研究,2023,43(11):242.

[26]张弛."互联网+"视域下高校英语教学新模式与新路径开发[J].中国新

通信,2023,25(11):179-181.

[27]孟晓笑.信息化背景下高校英语教学的现状与对策研究[J].江西电力职业技术学院学报,2023,36(05):31-33.

[28]唐巧惠.信息技术在高校英语翻译教学中的应用研究[J].英语广场,2023,(15):69-72.